甘肃特色文化普及丛书

甘肃特色文化普及丛书 编委会

主 任

陈元龙

副主任

崔建伟　罗　哲　席皓琳

委 员

严小明　宋小凤　潘维永　孟广成　郭忠庆
雍际春　王旺祥　郭俊叶　贾建威　李红霞
冯　岩　郑　颖　马智全

主 编

陈元龙

副主编

崔建伟　罗　哲　席皓琳

甘肃特色文化普及丛书

陈元龙 主编

彩陶甘肃

【美冠世界的彩陶之乡】

CAI TAO GANSU

贾建威 徐睿 张东 编著

甘肃人民出版社

图书在版编目（CIP）数据

彩陶甘肃：美冠世界的彩陶之乡/陈元龙主编；贾建威，徐睿，张东编著. -- 兰州：甘肃人民出版社，2021.1（2023.8重印）
　ISBN 978-7-226-05640-0

Ⅰ.①彩… Ⅱ.①陈… ②贾… ③徐… ④张… Ⅲ.①彩陶—介绍—甘肃 Ⅳ.①K876.3

中国国家版本馆CIP数据核字（2021）第010177号

策划编辑：肖林霞
责任编辑：袁　尚
封面设计：马吉庆

彩陶甘肃：美冠世界的彩陶之乡

陈元龙　主编　贾建威　徐睿　张东　编著

甘肃人民出版社出版发行
（730030　兰州市读者大道568号）
兰州银声印务有限公司印刷

开本 710毫米×1020毫米　1/16　印张 14.25　插页 2　字数 191千
2021年5月第1版　　2023年8月第2次印刷
印数：1 001~2 000

ISBN 978-7-226-05640-0　　　定价：88.00元

总　序

　　甘肃位居黄河上游黄土高原西端，地处我国版图的中心向西北部作带状延伸，东西长1655公里，南北宽530公里，总面积42.59万平方公里。东邻陕西省，西连青海省与新疆维吾尔自治区，南与四川省毗邻，北与宁夏回族自治区和内蒙古自治区接壤，并与蒙古国接界。其版图形状，正如习近平总书记比喻的"好似一柄玉如意"。

　　甘肃是中华民族重要的发祥地之一，历史源远流长，文化底蕴深厚。中国首次发现的旧石器时代之遗址即在甘肃境内。华池县赵家岔村洞洞沟和河西弱水阶地旧石器的发现，证明了远在20万年前的旧石器时代，我们的祖先就劳动生息在这里的一些河谷台地上，创造着辉煌灿烂的远古文化。新时器时代，从陇东到河西，从陇南到肃北，到处都有原始先民们活动的足迹。距今7000到5000多年前的秦安县大地湾遗址所发现的殿堂式建筑群、烧制陶器的窑址、彩绘鲜丽的陶器上的刻划符号，表明这时期的先民们已创造出了令人惊叹的古代文明。1923年首先于临洮马家窑发现的马家窑文化，是我国黄河上游母系氏族文化的代表，在甘肃境内分布广泛，前后继承，反映了距今5000年到4000年前甘肃地区母系氏族社会向父系氏族社会过渡的发展阶段和先民们从事原始农业和手工业生产的情况。这些情况不仅说明以农业为主兼及畜牧、渔猎和采集的多种生存方式，已是当时社会经济的重要特色，而且出土的数量庞大、造型精美、色彩鲜艳的彩绘陶器，表现了先民们的创造智慧和高超技艺，堪称祖国的瑰宝，并使甘肃赢得了"彩陶之乡"的美誉。距今4000年前左右，甘肃境内的先民们又创造了齐家文化，这是我国黄河上游父系氏族文化的代表，因1924年首先发现于广河县齐家坪而得名，主要分布在黄河以东。当时先民们已掌握了冶炼红铜、青铜的技术。由于使用铜器，生产工具先进，有了剩余产品，便出现了商品交换和贫富分化，使先民们逐渐向阶级社会过渡。此外，在洮河谷地，还有辛甸文化、寺洼文化等遗存。在河西走廊，也发现了民勤沙井文化、山丹四坝文化、玉门火烧沟文化。这些文化遗存反映了河西先民以原始牧业和渔猎为主，由父系氏族社会向阶级社会早期发展的状况。

  甘肃是人文始祖肇启之地，相传这里是伏羲、女娲和黄帝的故乡，被称为"羲轩桑梓""羲皇故里"。史籍记载，"太昊伏羲氏生于成纪"，即今秦安县北部。传其孕十二岁（十二年为一纪）而生，故命名诞生地为"成纪"。这是甘肃最早见于史籍的地名。伏羲氏"始画八卦，以通神明之德，以类万物之情，造书契以代结绳之政"。女娲乃母系氏族首领，据传是伏羲同母之女弟，也诞生于成纪（今秦安县凤尾树村）。据司马贞《三皇本纪》

记载，伏羲、女娲就是"龙的传人"的始祖。据《水经注》记载，"黄帝生于天水，在上邽城东七十里"的轩辕谷。"黄帝立为天子，十九年令行天下，闻广成子在崆峒之上，故往见之。"至今崆峒山有问道宫（黄帝问道处）、望驾山（以望黄帝驾临处）等遗址。黄帝并曾"西济积石，涉流沙，登于昆仑"。五帝中的颛顼高阳氏"西至于流沙地"（流沙，在今张掖市北，一说在敦煌）。凡此都进一步说明甘肃为华夏文明的发祥地之一。

甘肃不仅是人文始祖的故乡、周秦文化的孕育地，而且是中西文化交流交汇的必经通道和重要门户。自西汉张骞凿空西域以至唐代，这条闻名世界、横贯甘肃东西的陆上"丝绸之路"的开通，不仅使甘肃在东西文化交流上有了浓墨重彩的一笔，更为甘肃带来了无限活力，使其在民族融合进程中所形成的过渡性特点愈加突出。古代丝绸之路在甘肃大地不仅推动了中原与西域的交流，而且加快了中国与波斯、大食乃至欧洲各国各民族的文化大交流大发展，也带来了经济贸易的兴盛繁荣，以至于唐代，"自安远门以尽唐境，闾阎相望，桑麻翳野，天下称富庶者，无如陇右"。贸易往来又促进了民族之间的交往交流交融，使甘肃成为各民族大融合的桥梁和纽带。民族融合与民族文化交流促成了甘肃文化的多样性、渗透性、包容性特征。在甘肃，每个民族都以其宽阔的胸怀和开放的姿态进行情感与文化上的交流与认同。民族融合与文化交流还增强了甘肃文化的创造性与延续性。甘肃人民是富于创造活力的人民，盛传于陇原大地的伏羲与西王母的神话传说，已透露出勃勃的创造生机；近代以来在甘肃境内不断发掘出大量石器时代遗址中的劳动工具、房屋、墓葬等文化遗存，无不体现出甘肃先民们的创造精神；绚丽夺目的彩陶艺术、石窟艺术，则更是甘肃文化充满活力的重要体现。正是这种创造精神，才使甘肃文化得以薪火相传、赓续不断，丰富多彩、独具特色。甘肃古代民族中，羌、氐、戎以及党项等民族在历史发展进程中均发生了巨变，但其文化性格与品质却迄今辑存于历史典籍中，其风俗习惯至今还饱含、渗透在陇原民风中。

甘肃地域文化的鲜明风格和多元多样特征，在中国古代文明文化发展史上谱写了浓墨重彩的篇章。在华夏文化发展成为汉文化并形成汉文化圈的历史演进中，陇右文化始终伴随着汉文化的扩散传播而趋同，又因人口流动、民族迁徙、统一与分裂而趋异。陇右文化以所处地域而成就交流传播之优势，东与三秦文化唇齿相依，使汉文化得以在此流传发展演进；同时又以地处中西交通要道，西与西域文化毗邻，少数民族文化、外来文化在这里得以与中原文化碰撞、交流、融合，成为中原与周边政治、经济、文化力量伸缩进退、相互消长的中间地带，成为中原文化与周边文化、域内文化与域外文明双向交流扩散、荟萃传播的桥梁。甘肃文化成为一种独具特色的地域文化，与西域文化相比较，具有更多的中原文化特征；与三秦文化相比较，则又更多地含有少数民族文化的成分。这种过渡性特征与优势，既促进了甘肃文化自身的发展，又为三秦文化和西域文化的发展提供了充足的养分。这一切都充分说明，甘肃是中国最早接纳和走向世界文明的窗口，是古代中国、印度、希腊、伊斯兰四大文明交融的中心，是华夏文明形成过程中吸纳外来文化的蓄水池，是中国乃至世界古代文明的博览园。甘肃地区丰厚的文化资源是华夏文明肇启、繁荣、发展以及与世界文明交汇的重要见证和典型标志。自远古以至唐代，在政治、经济、文化诸方面，甘肃一直处于中国历史和华夏文明的主流之中。这不仅奠定了甘肃作为中华文明发祥地的重要历史地位，而且使甘肃成为了中华民族重要的文化资源宝库。2013年甘肃被国务院批准为华夏文明传承创新区。

在漫长的历史演进中，多种文明交流交融，不仅使甘肃成为一个多民族居住省份，而且形成了多姿多彩、内容丰富的甘肃文化，特色鲜明，亮点纷呈。甘肃被称为"石窟艺术之乡"，现存各类石窟佛寺337座，其中具有学术研究和旅游观光价值的大、中型石窟群40多座，敦煌莫高窟被誉为"人类艺术宝库",被联合国教科文组织列入世界文化遗产保护名录,天水麦积山石窟被誉为"东方雕塑馆",榆林窟、炳灵寺、天梯山、南北石窟寺等无不是华夏文明艺术最集中的体现,使得石窟艺术与宗教文化成为甘肃文化最高成就的体现,也是佛教文化含茹之下甘肃人想象力与审美体验的完美展示。甘肃也是"彩陶之乡",是我国彩陶起源最早、发展时间最长、分布范围最广、艺术成就最高的地区。甘肃还是简牍大省,现已出土简牍6万余枚,其中汉简数量居全国之首。临夏"花儿"是甘肃省第一个进入世界非物质文化遗产名录的艺术瑰宝。"道情皮影"第二个被列入世界非遗名录。在甘肃境内,秦、汉、明代古长城和城障纵横交错,累计长达4400公里,约占长城总长21196.18公里的五分之一,其中,阳关、玉门关、嘉峪关驰名中外。甘肃地处古丝绸之路的黄金地段,长达1500公里,沿线的天水、张掖、武威、敦煌四座城市被列为国家第一批公布的历史文化名城;陇东和陇东南地区分别是周人和秦人的发祥地,周王朝、秦王朝都是在甘肃奏响了向中原进军的序曲,奠定了中华民族农耕文明和政治制度的基础。

概而言之,甘肃最主要的文化类型有:始祖文化、长城文化、丝路文化、石窟文化、五凉文化、敦煌文化、简牍文化、黄河文化、红色文化等。根据甘肃文化资源的源头性、多样性、独特性、包容性等特点,甘肃文化资源可归纳为四类:一是华夏文明源头性文化,即伏羲文化、轩辕文化、西王母文化、大地湾文化、彩陶文化等;二是丝绸之路文化,主要包括长城文化、简牍文化、敦煌文化、石窟文化、五凉文化等;三是民族民俗文化,即伊斯兰教文化、藏传佛教文化、特有民族文化(东乡族、裕固族、保安族)、特色民俗文化等;四是红色文化,甘肃从东到西有不少红色文化遗址,如南梁苏维埃政府遗址、腊子口战役遗址、哈达铺会议遗址、会宁会师遗址、高台西路军纪念馆等,这些遗址赋予了甘肃丰富的红色文化资源。

甘肃丰富多彩的文化资源为打造文化品牌奠定了坚实的基础，但是，长期以来缺乏系统整理和宣传推广，或庋置于学术殿堂，或充溢于普通民众茶余饭后的谈资，或归于少数文史学者的研究领域，存在分散化、碎片化、地方化现象，文化资源没有形成文化优势，莫为外界所了解，文化影响力明显不足。2017年，中共中央、国务院印发了《关于实施中华优秀传统文化传承发展工程的意见》，对传承发展优秀传统文化提出了一系列具体要求和方法措施。2019年8月，习近平总书记考察甘肃时的重要讲话明确指出，既要深入挖掘敦煌文化和历史遗存背后蕴含的哲学思想、人文精神、价值理念、道德规范等，推动中华优秀传统文化创造性转化、创新性发展，更要揭示蕴含其中的中华民族的文化精神、文化胸怀和文化自信，为新时代坚持和发展中国特色社会主义提供精神支撑。要加强对国粹和非物质文化遗产保护的支持和扶持，加强对少数民族历史文化的研究，铸牢中华民族共同体意识。习近平总书记的讲话为我们系统整理、宣传推介甘肃文化指明了方向，坚定了信心和决心。为了深入贯彻落实习近平总书记重要讲话和中共中央、国务院意见精神，助力华夏文明传承创新区建设之急切需要，甘肃省社科联从自身职能出发，以传承发展优秀传统文化为己任，在认真调查梳理、深入挖掘研究的基础上，决定以课题委托形式组织省内专家学者编写《甘肃特色文化普及丛书》。在丛书的编写过程中，坚持先进性、传承性、可读性、普及性的原则，撷取有代表性的文化类型，共编写《羲皇故里》《简牍甘肃》《丝路甘肃》《石窟甘肃》《魅力花儿》《彩陶甘肃》《道情皮影》《红色甘肃》八部，总成系列，约180万字，面向省内外有重点地系统介绍甘肃特色文化，不以学术研究为首要，而以普及推广为指归，以期挖掘甘肃文化资源，打造甘肃文化品牌，彰显甘肃文化魅力，重塑甘肃文化形象，进一步引导人们了解甘肃、认识甘肃，增强文化自信和对甘肃文化的认同感和自豪感，从而激发开发甘肃、建设甘肃的积极性和创造性。

在编写过程中,各有关单位大力支持配合,各位作者在繁忙的工作之余倾力尽智、呕心沥血,历时一年有余,数易其稿,其艰辛唯有识者所知,在此表示衷心的感谢。但由于分头编写,内容各异,加之掌握资源有限,不足之处在所难免,希望读者多提宝贵意见,以资再版时修正。

《甘肃特色文化普及丛书》编委会
2020年12月

前 言

　　陶器发明于史前时期,是早期人类定居生活的产物。陶器是新石器时代到来的标志之一,也是考古断代较为可靠的实物资料之一,对考古研究,尤其是史前考古研究具有重要的意义。彩陶反映了先民们的物质文化和精神文化水平,在中国古代的文化宝库中闪耀着夺目的光彩。

　　黄河中游地区是中国彩陶最早产生的地区,距今约八千年,分布在渭河流域的大地湾文化和河南中部的裴李岗文化,都发现了绘着简单纹样的三足彩陶钵。奔腾不息的黄河、雄浑肥沃的黄土高原、绵延千里的河西走廊,孕育了丰富发达的新石器时代及青铜时代文化。这些文化大多含有多姿多彩的彩陶。甘肃彩陶的发展经大地湾、仰韶、马家窑、齐家、四坝、辛店、沙井等文化，绵延5000多年，形成了一部完整的彩陶发展史。甘肃考古发现的彩陶文化遗址星罗棋布、灿若星辰，出土的彩陶数量巨大、器型丰富、纹饰精美、工艺精湛，极具艺术性。大地湾文化、仰韶文化、马家窑文化不仅构成了河陇地区新石器时代社会发展的完整序列，而且为整个中华文明的形成作出了卓越贡献，成为中华文明史上的灿烂篇章。

甘肃彩陶文化的考古研究起步较早，自20世纪20年代瑞典学者安特生在甘肃的考古，发掘了临洮马家窑、广河半山、民和马厂、广河齐家坪、临洮辛店和寺洼山、民勤沙井等著名古文化遗址，正式拉开了甘肃地区彩陶文化考古发现和研究的序幕。甘肃彩陶文化考古可分为早期考察与发掘（19世纪中叶—1949年）、系统性考古发掘（1949—1990）和重点发掘（1990年至今）三个阶段。对重要遗址的发掘和大量考古报告的发表，为从考古学的角度深入探索彩陶文化奠定了基础。在经历了几代人的积淀后，其年代的测定和判断均已取得显著成绩，基本建立了彩陶文化的年代序列和甘肃新石器时代、青铜时代考古学文化谱系。

2019年8月19—22日，习近平总书记沿河西走廊自西向东，在甘肃进行考察调研并发表重要讲话。9月，习近平总书记又在河南主持召开黄河流域生态保护和高质量发展座谈会并发表重要讲话。他一再强调，要加强对优秀传统文化传承弘扬的支持和扶持；黄河文化是中华文明的重要组成部分，是中华民族的根和魂；要保护、传承、弘扬黄河文化；要推进黄河文化遗产的系统保护，深入挖掘黄河文化蕴含的时代价值，延续历史文脉，坚定文化自信。

《彩陶甘肃——美冠世界的彩陶之乡》通过展现彩陶类型的丰富性和独特性，图案的色彩缤纷、绚丽融汇，揭示了彩陶在中华文明的起源、发展、演变过程中作为远古族群文化遗留物的独特意义和价值，阐释了彩陶在人类艺术史和文化发展史上的特殊意义，这既是对甘肃重要文化遗产的系统整理和研究，也是对黄河文化遗产的深入发掘和保护，对推动中华文明与人类文明融汇，深化文明交流互鉴，延续历史文脉，坚定文化自信具有重要的现实意义。

目 录

001　第一章　古韵陶风——陶器的起源

003　　　第一节　陶器的起源
003　　　追根溯源——陶器起源的推测
004　　　考古引航——早期陶器的考古发现
006　　　探索发现——陶器起源研究的新进展
009　　　第二节　陶器产生的条件
010　　　第三节　陶系的分类
012　　　第四节　陶器的器类与组合
014　　　第五节　陶器器表的修饰与花纹

017　第二章　国色初光——新石器时代的陶器

019　　　第一节　黄河流域新石器时代陶器
020　　　第二节　新石器时代早期陶器
022　　　第三节　新石器时代中、晚期的仰韶文化陶器
026　　　第四节　马家窑文化陶器
028　　　第五节　大汶口文化陶器
030　　　第六节　龙山文化陶器

033　第三章　冠绝华夏——甘肃彩陶

035　　第一节　彩韵初生——甘肃彩陶的诞生及背景
035　　彩陶生产的技术条件
037　　人类为什么生产彩陶
038　　甘肃彩陶源远流长的历史背景
040　　甘肃彩陶考古回顾和研究成果
048　　文化分区和空间分布

051　　第二节　陇彩初绽——大地湾文化
051　　大地湾考古发现和分布范围
055　　大地湾文化的发现和命名
057　　大地湾文化的分布
058　　大地湾彩陶的文化特征

063　　第三节　彩韵含苞——仰韶文化
063　　考古发现、分期和分布范围
068　　仰韶文化早期
076　　精品赏析
081　　仰韶文化中期
086　　精品赏析
087　　仰韶文化晚期
094　　精品赏析

098　　第四节　彩陶之冠——马家窑文化
102　　马家窑文化早期：马家窑类型
108　　精品赏析
113　　马家窑文化中期：半山类型
120　　精品赏析
126　　马家窑文化晚期：马厂类型

130	精品赏析	
135	第五节	青铜时代的彩陶文化
135	齐家文化	
140	精品赏析	
144	四坝文化	
145	精品赏析	
148	辛店文化	
151	精品赏析	
154	寺洼文化	
156	沙井文化	
158	精品赏析	

161　第四章　精湛娴熟——新石器时代制陶工艺

163	第一节	制陶原料的选择与加工
164	陶器制作工艺程序及选料	
169	第二节	陶器的制作方法
172	第三节	彩陶的绘制
172	颜料和工具	
173	矿物质颜色	
174	矿物质颜料如何使用	
175	如何绘彩	
180	如何施以陶衣	
181	彩绘陶的出现	
182	第四节	陶器的烧制
185	辨别真伪有窍门	

187	**第五章 多姿多彩——主要彩陶纹饰及其演变**
189	第一节 仰韶文化彩陶纹饰特点
189	彩陶纹饰的主要特点
191	第二节 仰韶文化典型纹饰
191	鱼　纹
195	三角纹
197	蛙　纹
199	第三节 马家窑文化常见纹饰
199	奔流不息看旋纹
200	细密规整锯齿纹
201	双彩葫芦网格纹
202	交错排列菱格纹
203	繁复绚丽垂弧纹
204	物物交换贝形纹
205	图腾崇拜神人纹
206	典型纹饰四大圆圈纹
209	后　记

第一章 古韵陶风——陶器的起源

大地湾生活场景

在很久很久以前,陶器随着史前人类进入新石器时代的定居生活。我国现存最早的新石器陶器残片出土于南方地区的一些洞穴居住遗址中,据碳14年代检测法测定,其年代距今约9000~10000年。

人类的先民将土、水、火结合起来创造出了陶器,陶器是史前时期人类的重大发明之一。我国明代科学家宋应星在《天工开物》一书中总结的制陶理念为:"水火既济而土合。"陶器虽然容易残破,但在漫长的埋藏过程中不会腐烂,它因此成为史前人类活动的重要见证,其中蕴含着大量的信息,所以,陶器一直是考古工作者十分重视的古代遗物。然而,陶器的发明至今还是一个未解之谜。

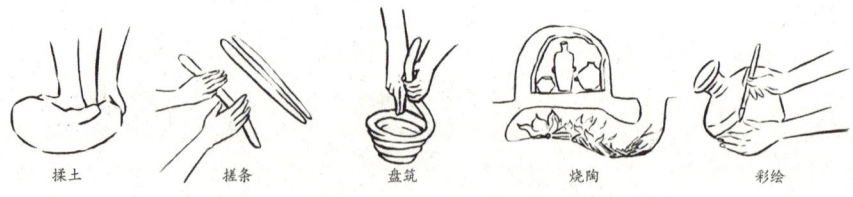

第一节 陶器的起源

追根溯源——陶器起源的推测

19世纪,西方的一些人类学家开始探索陶器的起源,他们的研究方法主要是借助民族志的资料,参考美洲印第安人部落的生活状况,对陶器的产生进行了一些推测和研究。他们研究的结果表明:在没有陶器以前,人们烹煮食物的方法很笨拙,把食物放在涂着黏土的筐子里,或放在铺着兽皮的土坑里,然后再用烧热了的石头把食物弄熟。

1503年,一位船长到达南美洲,他见到了当地土著居民家里的生活器皿基本上为土制容器,有的甚至被当作炊器使用,这些器皿都涂着足有一指厚的黏土,目的是防止被火烧裂。

英国著名人类学家爱德华·泰勒在《人类远古史研究》一书中进而推断:"人们先将黏土涂在一些容易着火的容器之上以免被烧毁,以至后来他们发现,单单用黏土本身即可达到这个目的,于是世界上便出现制陶术了。"这个观点被摩尔根在《古代社会》一书中所引用,后来又被恩格斯在《家庭、私有制和国家的起源》一书中得到认可和发挥:"可以证明,在许多地方,也许是在一切地方,陶器的制造都是在编制的或木制的容器上涂上黏土使之能够耐火而产生的。在这样做时,人们不久便发现,成形的黏土不要内部的容器也可以烧制成型并加以使用。"

其实,上述推断并没有考古学上的证据,印第安人的例证可以作为研究陶器起源的参考,却难以作为该问题的全部答案。最早的陶器出现于何时何地,仍然悬而未决。陶器与农业的关系是什么?陶器是在什么历史背景下出现的?这些问题都需要依靠考古证据来回答。

考古引航——早期陶器的考古发现

这些年,考古学蓬勃发展,中国与世界各地早期陶器的不断被发现,陶器起源的研究取得了长足的进展,许多历史的谜团相继解开。

最早的陶器出现在距今约1.5万~1万年。起初在日本的爱媛县出土了距今约1.2万年前的陶器,有些人甚至不相信年代会如此久远。近年来,在日本除北海道和冲绳以外的其他地区,相继发现了早期陶器,于是,日本考古学分期上单独划分出了一个绳纹草创期。在长野县下茂内和鹿儿岛县简仙山,都曾出土了经测定约为距今1.5万年的陶片,其中鹿儿岛的陶片烧成温度只有400℃~500℃,质地疏松,还没有完全陶化,可谓名副其实的土器。1999年,日本青森县大平山元一号遗址出土了无纹饰陶器,其陶片年代经鉴定为1.6万~1.4万年前,在国际考古界引起了很大轰动。这些处于绳纹草创期的陶器,大多为圜底和近圜底的小平底,最初阶段皆为素面

大地湾绳纹圜底红陶碗

无纹饰，后来有的陶器上出现隆起的线纹、豆粒纹或爪形纹。在俄罗斯远东至西伯利亚地区的一些重要遗址中，同样发现了早期陶器，如乌斯奇诺夫卡、格罗马图哈、嘎夏、富米等地，它们的年代大体都在距今1.3万~1万年，比日本列岛的发现年代略迟。远东地区的陶器多平底，素面或饰条纹，西伯利亚南部的早期陶器则多为圜底。

20世纪60年代以来，在我国的南方和北方陆续发现了一批距今万年左右，甚至1.4万~1.3万年前的遗址以及古老的陶器遗存。毫无疑问，中国已经成为探讨陶器起源的重要地区。南方的重要发现有江西的万年仙人洞、吊桶环，广西桂林附近的甑皮岩、庙岩、大岩和湖南道县的玉蟾岩等遗址。北方的重要发现主要集中在华北一带，如河北阳原于家沟、徐水南庄头与北京怀柔的转年遗址等。南方的早期陶器大多为圜底的罐和釜形器，其中以湖南道县的陶釜最为引人注目。该遗址于1993年发掘时意外地发现了3块较大的原始陶片，1995年又在相距前发掘地1米左右的地方发现了一堆一碰即碎的陶片，陶胎厚达2厘米。经考古工作者在室内整理，将陶片精心拼对黏合，竟出人意料地复原出两件烧煮食物的炊器——陶釜。其中较大的1件口径31厘米、高29厘米，形制为侈口、圆唇、斜弧壁、尖圜底，通体饰绳纹。这些陶片及其附着物经碳14年代检测法测定，结果为距今约1.2万年和1.4万年。毫无疑问，这是我国迄今出土年代最早的两件复原陶器。北方的早期陶器则多以平底的罐形器为主，其中以1995~1997年在阳原虎头梁遗址群中于家沟发现的数块夹砂罐片的年代最早，距今约1.2万年。在时代稍晚的转年遗址，还出土了盛放食物或水的盂形器，这表明了原始陶器不断发展的进程。

从世界范围来看，发明陶器的时间存在着较大的差距。美洲的陶器最早距今只有5000多年；西亚地区最早的陶器不早于距今9000年前，这里是先产生农业，进入新石器时代后才发明了陶器，因此西亚两河流域与埃及一带,在考古学上有一个前陶新石器阶段;巴基斯坦的印度河流域,也存在着所谓的前陶新石器,即先有农业后有陶器;印度恒河中游的陶器出土情况与巴基斯坦略有不同,这里最古老的陶器大约出现在距今1.1万~9000年,当时农业尚未出现。

上述发现说明,世界各地的陶器发明并没有一个大致统一的时间,最早的与最晚的前后相差万年左右,这同时表明,各地有着不同的陶器发展历程,因此陶器的起源应该是多元化的。

探索发现——陶器起源研究的新进展

在考古学中,人类主要使用石质工具进行生产活动的时代最初称为石器时代,后来一分为二,将使用打制石器的时代与磨制石器的时代划分开来,即旧石器时代和新石器时代。新石器时代的三个标志是磨制石器的使用、制陶术的发明、农业和畜牧业的产生。然而,这些传统认识在近几十年来受到了越来越多的挑战和质疑。早期陶器在世界各地的发现,说明制陶技术并不是与农业同时起源的,比如西亚地区很早就有农业,但没有陶器,所以称作前陶新石器文化;日本的情况却相反,很早就有陶器,但却没有农业。因此不能认为陶器仅是农耕文化的产物,非农业部族就不会发明陶器。旧石器时代是攫取性经济,依赖于大自然的恩赐,人类获取食物的主要途径是捕杀动物和采集植物果实;新石器时代则为生产性经济,依靠自身的智慧和劳动,通过发展种植与动物养殖来满足人类生存的需要。因而,新石器时代的主要标志是农业和畜牧业的产生,英国著名考古学家柴尔德称之为人类历史上的"新石器革命"。

如果说陶器与农业没有必然的联系,那么是什么因素促成了陶器的产生?学者们在对西亚、中国等地早期陶器的研究中,逐渐总结出了一条规律,那就是:陶器的起源与人类的定居生活或相对定居有密切关系。众所周知，人类历史上任何重大发明的问世，必须具备两个条件，一是要有社会的需求，二是要有技术的保障。对于先有农业的地区，例如西亚，大约在距今1.1万年前，气候变得干燥而寒冷，人们面临食物短缺，被迫尝试以森林草原交错地带的各类杂草为食，在这一过程中，学会了将野生大麦、小麦培育成粮食作物，并且开始了羊群的畜养。农业和畜牧业的产生使人们逐渐放弃了四处流动的生活方式，开始兴建村落，过上了定居生活。在定居生活中，人们发现需要有各种器物储藏食物和水、蒸煮食物，他们认识到自然界提供的果壳、葫芦等天然物品当然是首选之物，但随着人口的增加，必然无法满足日益增长的需求，人们不得不寻找新的容器来源。在寻找代用品的过程中，人们偶然发现泥土遇水变软，可以任意捏成各种形状，经过火烧又可变硬，形成固定器物。在认识到了土、水、火的关系后，人们便开始有意识地用土捏塑成各种理想的器形，尝试陶器的生产。经过漫长的实践过程，土终于在水与火的作用下变成了满足人类需要的、形态各异的容器。在距今9000年前左右，西亚地区出现了成批的陶器，原因很简单，就是由于陶土原料到处都有，极易得到，加之技术工艺并不复杂，使用随处可见的树枝、柴草即可达到烧陶的最低温度。因此，这项技术一经发明，很快就得到了广泛的应用与传播，并且世代相传直至今日。考古发现表明，人类的定居生活才是陶器发明的前提和条件，而陶器的产生又使得生活逐步稳定，定居的生活方式便可以进一步得到强化。

中国幅员广阔，各地的早期陶器相对应的经济类型不完全相同。例如长江中游地区的原始陶器是与原始古稻并存的，湖南道县玉蟾岩遗址既发现了1万年以前的陶器，同时也出土了经鉴定属于栽培稻初期的稻谷与稻壳；华北地区虽然没有发现直接的粮食遗存，但从自然环境及早期共同出土的陶器推测，当时极有可能已处于农业发生时期；华南地区桂林一带的文化面貌不甚清晰，以现有证据分析，当地先民虽已使用陶器，但仍主要是从事狩猎采集的集体经济。换言之，华北和中原一带在发明陶器时，已经有了原始农业，而农业会促使陶器制造迅速发展；华南地区先民们在农业产生之前已使用了陶器，陶器的发展相对农耕文化的发展来说较为缓慢。

我国早期陶器大多是圆形球体，平底器很少，这种器形的出现可能是多方面原因造成的。第一，来自大自然的启迪，在陶器出现之前人类广泛使用的是圆形为主的植物果壳；第二，圆形器物容积最大；第三，做平底器的工艺要复杂一些，圆形圜底相对简单容易；第四，最初的陶器首先考虑的是满足炊事需要，然后才是盛储需要。圆形底器物用支架放在几块石头上，便能生火加热，也较为稳固，而且采热功能好。对于从事农耕的居民来说，将粮食煮熟是陶器的首要功能；对于从事狩猎采集型的居民来说，加工的肉类食品自然比茹毛饮血更利于健康，口感也更好。而有些坚果类食物要煮沸除涩后才能食用。日本的早期陶器器形与我国相似，有学者认为与日本先民精炼鱼油有关。

学者们还发现了一个十分有趣的事实，西亚、中亚、北非和欧洲地区，陶器发明较晚，他们主要种植大麦和小麦；而东亚、东北亚和东南亚地区，陶器起源较早，这一带的居民则主要种植稻、谷，小麦传入这些地区已经是陶器出现几千年以后的事情了。或许，以米类为食的居民对陶器的需求更为迫切，从而催生了陶器的发明。陶器与农业之间存在着某种必然的联系，当然，更为合理的解释有待于今后的进一步研究。

第二节　陶器产生的条件

什么是陶器呢？只要是土在水和火的作用下形成的器物就是陶器吗？当然不是。所谓陶器，应该有以下四个特征：

（1）胎应以黏土为原料，再加入羼（chàn）和料。

（2）器表无釉，或有低温釉。

（3）烧成温度在600℃~1050℃，硬陶也不超过1100℃。

（4）由于烧成温度低，所以胎质疏松，吸水率高（10%~25%）。

这四点，是先民在无数的生产实践中得到的总结。同时，他们也发现陶器产生必须具备两个条件：

（1）社会条件。生产陶器最好依托原始农业和定居生活环境，以便陶器得以快速发展。当然先有陶器后出现农业的地区，陶器的出现也是人们在长期社会生活中所催生的产物。

（2）基本条件。人们认识了黏土、水、火之间的关系，黏土在水的作用下有可塑性，成型后在火的焙烧下，可变成坚硬的器皿。总之，就是人类对各种物质有了一定的认识之后，在探索精神的驱动下，开始陶器制作的研究，慢慢地总结出了制陶技术。

第三节　陶系的分类

人类的求知欲不会单单满足于制造出陶器。在不断的摸索和实践中，先民们发现，不同的黏土可以制作出不同颜色的陶器，而不同的土质在不同温度的火候下也会制作出不同硬度的陶器。现代人类利用他们留下的这些大量不同时期、不同地域的陶器，总结出简明概括的陶器文化特征，通常就其外观区分为红陶系、灰陶系、黑陶系、白陶系等。

下面我们就以我国的红陶、黑陶和白陶为例。

红陶是我国最早的陶器品种之一，在原始社会的新石器时代各文化中最为普遍。距今1万年前的河北徐水南庄头遗址、江苏溧水神仙洞遗址出土的中国最早的陶器遗物主要是红陶。母系氏族社会繁荣时期的仰韶文化、马家窑文化、大溪文化等等，人们生活中使用的陶器，红陶占很大比例。精美的彩陶、彩绘陶，陶胎本色均是红色。以后各个历史时期，红陶的使用虽然逐渐减少，但一直没有中断。陶土比较纯净细腻、含细砂极少者，称为泥质红陶，主要作饮食器具和盛储用具。陶土中掺有细砂者，能耐火，主要作炊具用，称为夹砂红陶。随着中国考古学的发展，在许多文化遗址里都发现了红陶。

黑陶一般盛行于山东龙山文化与浙江良渚文化，其他新石器时代晚期遗址也有出土。但已知的最早的黑陶却属浙江余姚河姆渡文化遗址出土的夹炭黑陶，其坯体含有大量的炭化稻壳等，胎体疏松，吸水率高达18%~25%。晚期黑陶不论是龙山文化出土的蛋壳陶或是大约在夏商之际的夏家店下层文化出土的黑陶，直至战国时期的暗纹黑陶，多制作精致，打磨光滑或器壁着色，制作精良。据报道，江苏吴县澄湖古井群属于崧泽文化的古井中就发现一件漆绘陶罐，其年代距今约5500年。

白陶盛行于大汶口文化，各地龙山文化、长江流域大溪文化和各地商文化遗存中均有发现。但最早的白陶遗存则出土于浙江罗家角马家浜文化遗址中，经检测其质料显然已不是普通的陶土或瓷土，在显微镜下观察，陶片中有大量纤维状物，可能是灰石、角闪石风化的产物。至于大汶口、城子崖、殷墟的白陶，则用北方常见的俗称"坩子土"的瓷土烧制，只是因为烧成温度只有900℃的较低温，所以没有烧结瓷化而已。

第四节　陶器的器类与组合

新石器时代的先民，生活在相对稳定的自然环境中，对于生活器皿的需要也越来越多，陶器得到了快速发展。主要发展方向还是以日用器皿为主，按照用途可以分为以下几类：

1. 汲水器，如仰韶文化的小口尖底瓶，大汶口文化的背水壶等。此外，如陶双耳罐或小口瓶也可能用作汲水器。

2. 炊器，有罐、鼎、鬲、甗、釜、甑、灶等。

3. 饮器，有斝、鬶、盉、爵、角、觚、杯等。

4. 食器，有碗、钵、豆、簋、盘等。

5. 盛贮器，有壶、罐、瓮、瓶、罍、尊、盆、缸等，其中有些是粮谷等固体物的储存器，有一些则为酒、水之类液体物的储存器。

6. 其他杂器，有形如束腰的圆筒器座，用以放置圜底或尖底器；形状如截断的牛羊角的平底器座，以三只分置于火塘中用以支持釜类炊器；形状如覆钵的器盖，其上有纽或鼻，这种器盖看来是通用的。此外，还有一些用途不明的器类，例如有一种缸器，内壁有直刻密集的槽，器壁下部有孔，有人认为是研磨器，有人则以为是澄滤器。红山文化中有一种斜口缸，其用途至今也不明。还有一种条形器，刻有斜交的网纹，有人认为是古代洗手用的陶锉，至今尚未有定论。

以上各种器类都只是大体的区分，用途也不限于我们所知。在不同地区、不同文化类型中，它们的细节差别很大，器类组合关系也不相同，反映了不同人群共同体的不同生活方式。首先，这些器物的定名方法，一般是比照现今与之类似的器物名称而定的，如缸、罐、杯、碗、钵之类，但古今生活方式不同，名称、用途也未必完全一样。

其次，若类似的器物在青铜时代尚在沿用的，则依据青铜器铭文的自名而定名，如鼎、簋（guǐ）、盉（hé）、斝（jiǎ）、敦（duì）之类。

第三，传世或实用的器物中虽没有与之类似的，但在古文字中尚可找到符合它们特征的文字，就取此字为名，如三空足袋状盉器，即据《说文解字》的解说而定名为鬶（guī），这个名称已被考古界通用。

第四，周秦时代的墓葬中出土的不知名古陶器，由于当时的墓葬中，往往有简牍"遣册"开列随葬品的名称和数量，可据以寻名责实。

最后，如上述几个途径都无法确定名称的，则据其形制特征而定名，如仰韶文化的小口尖底瓶、商代的大口尊等，前者已被认为是汲水器，但时代较晚的已演变为无耳的尖底瓶，其是否仍为汲器就不一定了。同样，商代的大口尊也有人认为是量器，尚待进一步的证实。

第五节　陶器器表的修饰与花纹

人类对美的追求一直都未曾停止过，在素面陶器大量出现后，满足了人们生活的基本需求，便开始出现彩绘陶。然而在粗糙的器壁上绘彩，显然不可取，于是对陶器制作的要求也越来越高，制作过程中会出现以下程序：

1. 表面磨光　人们会在陶坯没有完全干透时，用骨、竹、石等坚硬光滑的工具对陶坯表面进行同一方向的打磨，使黏土颗粒顺一个方向排列并具有暗淡的光泽。这不仅增强了陶器的美观度，也有可能起到增加陶器的致密度和减少渗水的作用。

2. 涂刷陶衣　这种方法多见于彩陶。陶衣本身就是便于绘画的素坯。陶衣因材料不同有不同的呈色，这就足以启发先民在器表上作画。陶衣的原料是碾磨得极细的某种黏土悬浮液，白色的可能是瓷土，褐黑色的可能是含锰的黏土，红色的可能是含铁质的红土或赭石。彩绘后的陶坯经入窑烧制后就成了不褪色的彩陶。

另一类器表修饰是花纹装饰，上文提及的彩陶也可归属此类。除此之外，还有以下几种：

1. 拍印花纹及滚印花纹　在陶坯制成后，用木制或陶制的花纹拍（印模）拍打器表形成纹饰，或者是用卷缠绳索的木棍在器表滚印成花纹。绳纹是一种简陋原始的花纹，最早见于磁山文化与裴李岗文化的陶器，但流行久远，其原因很可能是出于便于执持、不易滑脱、制作方便等实用性目的。拍印花纹还可能与泥条盘筑法制器有关，因为较为进步与考究的泥条盘筑制器除了抹平泥条的沟缝，还要拍打器壁使之坚实均匀。拍印花纹特别盛行于商周时期南方印纹陶的硬陶器，这可能是因为硬陶原料的湿、强度不高，不宜于用轮制成型的缘故。

2. 附加堆纹　通常是用泥饼或搓得很细的泥条以泥浆粘附于陶坯外壁组成平行或各种角度交叉的花纹，一般在泥条上还要加按指纹。从其所粘附的器型大小和粘附位置来考察，这种装饰手段可能兼有加固器壁、便于抱持的实用性目的。

3. 剔刻纹　用竹、骨做的工具在陶坯上剔刻出各种花纹，如锥刺纹、指甲纹、篦纹、曲折纹、圆圈纹、弦纹等，或几种花纹并施，组成层次或圜带。

4. 镂雕纹　这种花纹多施于器壁较薄陶器的器座、器柄或圈足之上。通常镂刻为三角纹、圆孔、四边形纹等，有时几种花纹相间使用，上下再饰以剔刻弦纹成圜带状形成两边连续的花纹图案。

5. 烧成后彩绘花纹　这类装饰手段与其他手段的根本不同之处在于它是在烧成以后再在器物上着彩绘制，花样繁多，但易于剥落，很可能烧成后再彩绘的器物是用于殉葬的明器而非实用器。山西襄汾龙山文化的大型墓葬内已发现朱绘陶器，河南龙山文化晚期的磨光黑陶也有朱绘纹饰，大约夏商之际的夏家店下层文化墓葬出土的黑陶，也发现有彩绘云纹、兽面纹陶器。有的考古工作者根据战国、秦、汉出土的黑陶、灰陶明器有仿漆器彩绘的现象推测，这些原始陶器上的彩绘装饰也可能是仿漆器的。

陶器纹饰的纹样有各种不同的称呼，但这些称谓并未规范化，有的纹样因各人所见不同有不同的名称，通用的有绳纹、篮纹、方格纹、弦纹、旋涡纹、蓆纹、编织纹、篦划纹；仰韶彩陶的鱼纹、变形鱼纹、联贝纹、鸟纹、玫瑰花纹等。还有些纹饰，人们往往随器而称。商代陶器还有仿铜器花纹的兽面纹、夔纹、云雷纹、回纹、旋涡纹、蝉纹等。

至于印纹陶上的所谓几何纹，至少也可分作三类：一类是仿细篾丝或麻布的编织纹；一类是仿铜器的回纹、云雷纹等；一类是用竹管等戳印的圆圈纹带与其他纹饰交叉使用的花纹。

第二章

国色初光——新石器时代的陶器

第一节 黄河流域新石器时代陶器

随着田野考古的新发现，新石器晚期文化还可能因新的进展而有不同的认识与推测，如近年随着探索夏文化遗存工作的开展，人们对中原地区新石器时代晚期龙山文化中、晚期遗存就出现了不同的认识。有人认为，晋南和豫西地区的龙山文化中、晚期仍然属于新石器时代晚期，也有人认为它们属于历史时期的夏代文化，其他地区新石器时代的晚期文化也有相似的情况。认识的一致还有待更多考古材料的发现。

其次，我国新石器时代文化遗存很多，但它们年代早晚与延续时间长短并不一致。我们主要介绍黄河流域与长江流域的新石器时代陶器，以及我国西南、东南、东北、西北地区的新石器时代陶器。

第二节　新石器时代早期陶器

　　1975年、1977年、1978年在河北武安县磁山，河南新郑县裴李岗和甘肃秦安县大地湾相继发现了新石器时代早期遗存，经过科学发掘，出土了较原始的新石器时代陶器。根据遗存的文化特征，命名为磁山文化和裴李岗文化或磁山—裴李岗文化以及大地湾文化。同时代或同一类型的文化遗存，在河北、河南、陕西和山东等省也有发现，说明新石器时代早期居民在黄河流域的分布十分广泛。据碳14年代检测法测定，这些遗址的年代距今8000~7000年，是目前我国黄河流域已发现的新石器时代遗址中年代较早的文化遗存。

　　这类文化遗址出土的陶器有以下一些特点：陶泥未经细致淘洗，陶片断面还发现有泥片贴敷的层理结构；胎质粗糙，皆手制；胎壁厚薄不匀，火候较低，一般在700~900℃，易破碎；陶色多呈红色或橙红色；陶器表面以素面为多，并有少量绳纹、篦纹、指甲纹与划纹等。这时的陶器器类少，形制比较单一，常见的陶器中，以砂质的深腹罐、泥质的小口壶、圜底或三足钵和碗类器为多，并有一些鼎、瓮、盘、豆、盂等。各地出土的陶器中，除有早、晚之分外，陶器的形制与花纹装饰还有地区差别。

裴李岗文化早期素面小口壶

第三节　新石器时代中、晚期的仰韶文化陶器

仰韶文化因1921年首先在河南渑池县仰韶村发现而得名。仰韶文化遗址在河南、陕西、山西、河北南部和甘肃东部一带都有发现。遗址的分布范围大、数量多，已经科学发掘的仰韶文化遗址有100多处，其中发掘面积较大的有陕西西安半坡、华县老官台、临潼姜寨、河南陕县庙底沟、郑州大河村、山西芮城东庄村、河北磁山下潘汪等。据碳14年代检测法测定，各地仰韶文化遗址的时间约距今6000~4000年，属于中原地区新石器时代的中、晚期。

仰韶文化陶器是承袭各地新石器时代早期的磁山—裴李岗文化和大地湾文化陶器发展而来，但器类和数量明显增多，其特征是：胎质比较纯净、细腻，陶泥经过淘洗，表面磨制光滑，虽以手制为主，但已出现慢轮修整迹象。火候一般较高，陶色以红色者居多，并有一些棕陶、橙黄陶、灰陶和少量的白陶。器表以素面与磨光较多，并有一些刻划纹、弦纹、附加堆纹、拍印的绳纹和篮纹等装饰。部分细泥质陶器表面施有陶衣，并有用黑、白、红等颜色彩绘的图案花纹。

仰韶文化常见的陶器有炊器和饮食器两类。

仰韶文化的陶器又可区分为半坡类型、庙底沟类型、西王村类型、后

岗与大司空类型、秦王寨与大河村类型、石岭下类型等，各类型的代表性陶器介绍如下：

（1）半坡类型：因首先发现于西安半坡遗址而得名，遗址有早、晚期的区别。代表性陶器有圜底陶钵、圜底陶盆、折腹陶盆、细长颈陶壶、深腹尖底瓶、陶罐和陶瓮等。器表装饰

半坡类型圜底盆

有绳纹、线纹、弦纹与锥刺纹（分菱形、三角形、麦粒形）和彩陶。彩陶中多有用黑彩绘制带条纹、三角纹、波折纹、网纹、人面纹、鱼纹、鹿纹与蛙纹等。也有在陶器的内壁进行彩绘的，但这在仰韶文化类型的彩陶中少见。另外，有的彩陶钵的口部里沿处刻划有符号。

（2）庙底沟类型：因首先发现于河南陕县庙底沟而得名。代表性陶器有曲腹平底碗，曲腹平底盆，圜底钵，双唇、尖深腹底瓶，陶器座，圜底罐，罐形鼎，扁折腹釜，盆形、三足陶灶等。器表装饰有线纹、绳纹、划纹、篮纹、弦纹和彩陶。彩陶主要是黑色彩陶和涂有白衣的彩陶，而红色彩陶则很少。彩陶纹饰中有带条纹、圆点纹、勾叶纹、弧线三角纹、曲线纹等，并有少量动物形象的鸟纹与蛙纹。

庙底沟类型曲腹平底碗

（3）西王村类型：因首先发现于山西芮城西王村而得名。代表性陶器有宽沿盆、带流罐、长颈双耳尖底瓶、斜壁平底碗、深腹瓮等。器表装饰以绳纹最多，并有少量篮纹、线纹、划纹、弦纹、方格纹与镂孔，彩陶多用红彩与白彩，绘出比较简单的条带线、圆点纹、斜线纹与波折纹。

（4）后岗与大司空类型：后岗类型因发现于安阳后岗而得名。代表性陶器有敞口圆腹鼎、敛口圜底钵、弧腹平底碗、长颈鼓腹壶和小口圆腹瓮等。器表装饰有线纹、弦纹、划纹、锥刺纹和指甲纹。彩陶主要有红陶衣彩陶，常见的彩陶纹饰中有条带纹、竖线纹（分三竖道至六竖道）和三角纹等。大司空类型因首先发现在河南安阳大司空村而得名，代表性陶器有曲腹与折腹盆、斜壁平底碗、卷沿深腹平底罐和带锯齿纹盆等。器表装饰有划纹、篮纹、线纹、绳纹、方格纹、锥刺纹和附加堆纹。彩陶多用红色，绘制的纹饰有条带纹、弧线三角纹、叶纹、旋涡纹、半环纹、S形纹、X形纹、钩形纹、网纹、圆圈纹。

（5）秦王寨类型与大河村类型：秦王寨类型因发现于河南荥阳秦王寨而得名。代表性陶器有罐形鼎和盆形折腹鼎、大口圜底与平底钵、敛口深腹罐、小口鼓腹平底瓮、小口尖底瓶等。器表装饰有划纹、弦纹与附加堆纹。彩陶多用红彩和黑彩，彩绘纹饰有带条纹、网纹、X形纹、S形纹、竖道纹（三道或四道），并有一些白衣彩陶，这是河南中部地区仰韶文化中较晚的遗存。大河村类型因发现于郑州市大河村而得名，是近年来发掘范围较大、延续时间较长的以仰韶文化为主的遗址。从大河村仰韶文化遗址的层次叠压和陶器特征来看，有早晚之分，且是前后一脉相承的发展关系。代表性陶器有砂质与泥质深腹、圆腹或折腹平底罐，罐形鼎与盆形鼎，扁腹三足釜，大口深腹甑，大口或敛口钵，浅盘高柄豆，小口鼓腹瓮，短颈深腹壶与双联壶，大口侈沿深腹盆与折腹盆，大口深腹平底缸，大口深腹尖底罐，小口深腹尖底瓶，筒形器座和陶器盖等。器表纹饰有弦纹、划纹、附加堆纹与绳纹，并有较多数量的彩陶，彩陶多饰在泥质陶罐、陶钵与陶盆的上部，有黑、红、白等彩绘。彩绘纹样有条带纹、弧形三角纹、叶纹、旋涡纹、半环纹、太阳纹、S形纹、X形纹、钩形纹、网纹、锯齿纹、圆圈纹与波浪纹等多种。从鼎、罐、盆、钵与小口尖底瓶的形制和鼎足的发展变化以及彩陶纹饰的演变中，可以清楚地看出大河村陶器整个的发展演变过程。大河村类型的晚期为秦王寨类型。

（6）石岭下类型：石岭下类型是因在武山县城以西25千米处、陇海铁路南侧的一个小山村发掘得名的，以石岭下命名的鲵鱼纹彩陶瓶却名扬海内外。有人说它属于仰韶文化晚期，有的却说是马家窑文化早期，还有人认为是庙底沟期向马家窑文化过渡的中介性遗址，众说纷纭。其实，目前称作石岭下类型的遗存经正式发掘的只有三处，即天水师赵村、西山坪和武山傅家门。总体来看，较早阶段使用平唇口尖底瓶，彩陶纹饰与大地湾四期相同；较晚阶段出现了喇叭口尖底瓶，彩陶纹饰增添了类似马家窑文化的因素，但整体面貌却与马家窑不同。其他采集品主要来自天水至武山一带，这类遗存均未超出大地湾四期的范畴，它们实属仰韶晚期偏早阶段，论文化谱系应归属仰韶系列。陶器质地分为泥质、夹砂两大类，陶色则以橙黄陶为主，有少量的红陶和灰陶，其中年代越早红陶越多，越晚灰陶比例增大。夹砂陶陶色有红褐、灰褐、黄褐等。少量陶器施有红色、白色陶衣。器形以平底器为主，仍使用尖底瓶，新增四足鼎，偶见圜底器。陶器造型多样，器类更为复杂。常见器物有敛口钵，形制多样的盆形器、平沿或喇叭口尖底瓶、矮颈或高细颈壶，各类形制的罐形器，口沿厚重的大型缸、瓮、四足鼎、束腰器座、形似倒扣的碗形器盖等。纹饰仍以绳纹、线纹最为常见，夹砂陶器上多饰附加堆纹条带。陶器的附属物鋬、耳增多，较常见的还有圆形泥饼、泥条等泥饰附件。

第四节　马家窑文化陶器

马家窑文化因 1924 年首次在甘肃省临洮县马家窑村古文化遗址发现而得名。马家窑文化是一种受关中地区仰韶文化影响发展起来的新石器时代文化，它的陶器形制特征近似仰韶文化，但它也具有明显地方特征。马家窑文化主要分布在甘肃和青海东北部一带，据碳 14 年代检测法测定，距今约 5500~4200 年。已发掘的马家窑文化遗址，有甘肃兰州曹家嘴和青海乐都湾等数处。

马家窑文化的陶器，以砂质和泥质红陶为主。泥质陶的胎质细腻，器表多经磨光，并多为手制，彩陶最为发达。彩绘多用黑彩在泥质红陶或橙黄陶的颈部与上腹部，绘制出颜色鲜艳、线条流畅的图案花纹装饰。在砂质红陶器表还有划纹、三角纹、绳纹和附加堆纹，表明马家窑文化的彩陶已具有较高的艺术水平。具有代表性的陶器是彩陶：小口圆腹瓮、双耳彩陶罐和彩罐钵，炊器为深腹平底砂质罐；食器为敞口浅腹平底盆、敞口喇叭形座豆、平底碗和敞口平底钵；盛储器有小口短颈圆腹或双耳平底瓮、小口长颈圆腹平底壶、小口长颈深腹陶瓶等，另有陶杯与陶盂，其中多数陶瓮器表饰有彩绘图案。

马家窑文化彩陶根据纹样还可以区分为马家窑类型、半山类型和马厂

第二章　国色初光——新石器时代的陶器

马家窑类型双耳彩陶罐

类型。

马家窑类型彩陶制作精细，以黑色彩绘较多。彩陶纹样有条带纹、圆点纹、弧纹、波纹、方格纹、垂弧纹、线纹、人面纹、蛙纹和舞蹈纹等。

半山类型彩陶也以黑彩为主，但兼有少量红彩，构图复杂，纹样有锯齿纹、旋涡纹、菱形纹、圆圈纹、葫芦形纹、三角纹、编织纹、连弧纹和网纹等。

马厂类型彩陶纹样较粗糙，有在红色陶衣上面施用红、黑二色绘制的彩陶。纹饰有四大圆圈纹、神人纹、目形纹、云雷纹、三角纹、方框纹与蛙纹等。

第五节　大汶口文化陶器

大汶口文化因 1959 年首次在山东泰安宁阳大汶口发现而得名，分布范围主要在山东和江苏北部一带。大汶口文化是承袭当地新石器时代早期北辛文化的陶器发展而来，据碳 14 年代检测法测定，距今约 6500~4500 年，大体和中原地区的仰韶文化中晚期时代相当，已经发掘的遗址和墓地有 10 余处。

根据大汶口文化的地层叠压和陶器特征，可将其文化区分为早、晚两期。大汶口文化早期陶器，以砂质红陶和泥质红陶为主，晚期红陶虽仍较多，但是灰陶与黑陶的数量则明显增多，并出现了白陶器。早期陶器以手制为主，晚期在慢轮修整器形的基础上出现了轮制陶器。陶胎一般较为细腻而精致，陶器器表多素面磨光，装饰划纹、弦纹、篮纹、圆圈纹、三角纹、镂刻纹等纹饰。彩陶的纹样有圆点纹、条带纹、圆圈纹、水波纹、旋涡纹、花瓣纹、网纹、三角纹、勾连纹、连弧纹、方心八角纹等；用红、黑、白三色彩绘，有较高的艺术水平。其中有些彩绘纹饰和河南仰韶文化彩陶的花纹图案极其相近，呈现出大汶口文化和仰韶文化之间相互密切交融的表征。

大汶口类型白陶

第六节　龙山文化陶器

龙山文化因 1928 年首次在山东章丘县龙山镇城子崖发现而得名。随后在河南、陕西、山西、河北、湖北、湖南、安徽、江苏、甘肃等地也发现了多处相似的龙山式文化遗址。由于各地龙山文化陶器是在不同地区的仰韶文化类型和大汶口文化，以及屈家岭文化等基础上发展起来的，所以各地的龙山文化陶器之间虽有许多相似之处，但又不尽相同。各地龙山文化的年代起始早晚并不相同，年代晚的下限已延伸到中原地区的青铜时代。据碳 14 年代检测法测定，中原地区龙山文化的年代距今 4900~4100 年，山东龙山文化的年代距今 4200~3700 年，因此有人估计，龙山文化有较长的延续时间，有的学者甚至把各地的龙山文化称之为"龙山时代"。

龙山文化的陶器以砂质黑灰陶和泥质黑灰陶的数量最多，泥质黑陶次之，并有一些红陶与白陶，彩陶和彩绘陶也偶有发现。陶器的制法虽然还有手制，但陶轮的使用已较普遍。陶器器表装饰除磨光外，饰划纹、弦纹、篮纹、方格纹和绳纹者较多，并有一些附加堆纹、指甲纹、圆圈纹和镂孔。龙山文化陶器的种类明显增多，其中又以饮食器更为显著。常见的器类有炊器、食器、盛储器，另有内壁刻有密集凹槽的研磨器，以及大口、圆顶或小平顶、带有握手的器盖和圆筒形器座等。

第二章 国色初光——新石器时代的陶器

龙山文化灰陶鬲

龙山文化白陶器的烧成温度较高，有些白陶器击之可以发出类似瓷器的金石声。白陶的品种以敞口、有流、长颈、带鋬（pàn）的袋状足鬶（guī）和敞口、长颈、细腰、宽鋬、袋状足斝（jiǎ）居多，并有一些白陶碗与白陶盉。

第三章

冠绝华夏——甘肃彩陶

第一节　彩韵初生——甘肃彩陶的诞生及背景

20世纪70年代后期,在黄河流域的上、中、下游分别发现了距今约7000年以前的新石器时代早期遗存,它们分别是甘肃的大地湾文化、河北的磁山文化、河南的裴李岗文化、山东的北辛文化。这是中国新石器时代考古的重大突破。在最初的报道中,磁山遗址曾发现了一片红彩曲折纹陶片,随后被确认是晚期文化混入的彩陶。渭河流域大地湾文化的每一个遗址中都发现有彩陶,时至今日,在我国各省区发现的所有史前文化中,7000多年以前的彩陶只有大地湾文化中有,无疑,大地湾彩陶是我国最早的彩陶。

彩陶生产的技术条件

在早期陶器发展的几千年中,制陶工艺尚不成熟。因此,陶器产生几千年以后才出现彩陶。陶器生产之初,没有刻意装饰的纹饰,但加工过程中手捏、片状物刮削、拍打器壁等手法往往会留下一些不规则的印痕。随着人们审美意识的增强,他们逐渐将这种不规则的印痕转变为有意的、规则的纹饰,如成排的剔刺纹、一圈的手窝纹等。早期陶器上大量出现的绳纹是在木棍上缠绕绳索滚压器壁而形成的纹饰,既可增强陶胎的坚实度,

大地湾绳纹深腹罐

又能起到美化陶器外表的装饰效果，一举两得。后来只起装饰作用的纹饰种类越来越多，逐渐演变为单纯的装饰花纹，也因此，人们对陶器的装饰也越来越注重。由于工艺条件具备，彩陶便应运而生了。

彩陶是将各种天然矿物颜料绘制到陶器上，形成五彩缤纷的各类图案，使陶器不再仅仅是实用品，而且还具备了艺术品的审美功能。其中大多数是先在陶坯上绘制，然后入窑烧制，颜料发生化学变化后与陶胎融为一体，这样的彩陶色彩不易脱落，经久耐用而且美观。还有一类称为彩绘陶，是将颜料直接绘制到烧成以后的陶器上面，此类彩绘贴附在器物表层，使用过程中容易损坏脱落。大地湾文化中上述两类彩陶均出现。

彩陶产生的技术条件有三：第一，生产彩陶的首要技术条件，是对天然矿物颜料的认识。彩陶颜料必须在高温烧窑时不分解，比如含量较高的赤铁矿就具有耐高温性能。而且还要掌握矿物的显色规律，什么样的颜料烧制后会变成红色，或者会变为黑色，如此才能运用自如地生产出理想的彩陶。第二，陶坯表面必须达到一定的光洁度，颜料才能渗透到陶胎里面。这就需要认真对陶土进行筛选、淘洗，拉坯成型后对器表还要反复打磨。考古发现中的彩陶大多是泥质陶，即便是夹砂陶如辛店文化，器表也都较为细腻。大地湾文化陶器主体是夹细砂陶质，但器表均抹有较光滑的泥质层。第三，烧陶的温度越高，颜料的附着力就越强，纹饰就越牢固。彩陶烧制发展到一定阶段，人类便逐渐改变了陶窑结构，加大了窑室的密封力度，以达到烧制工艺对彩陶生产的保障。

大地湾红陶钵

人类为什么生产彩陶

人类发明陶器是为了满足日常生活的现实需要，那么为什么又制作彩陶呢？它反映了人类的什么需求？

从彩陶的器类来看，早期彩陶如大地湾文化只限于饮食器，仰韶文化则扩大到盛水的瓶、壶形器，到了马家窑文化进一步扩展到瓮类等储藏器。总之，在彩陶发展的历程中，器类不断增多，但万变不离其宗，总是集中在盛放水和食物的器类上。从出土位置来判断，它们有的在房址或灰坑中，有的作为随葬品出土于墓葬中。这些现象说明，彩陶不仅是人类生活中的常用物品，还以随葬精美彩陶的形式来寄托对死者的怀念与尊重。

彩陶纹饰大体分为四类：第一类，以点、直线、弧线构成的几何形花纹，它们美观而富有韵律，数量最多；第二类，植物形纹饰，如叶瓣纹、豆荚纹、花卉纹，数量较多，其中以源于关中地区的"圆点勾叶弧三角"纹，即玫瑰（或月季）花纹标志性最强、流传最广，大半个中国的彩陶文化皆使用类似图案；第三类，动物形纹饰，如鱼、鸟、蛙、羊、狗等，此类纹饰数量不多，但极具特色，给人以过目不忘的深刻印象。动物类图形大体上均属性情温和、与人和谐共处的常见动物，极少猛禽异兽。少见的神人纹也可归入此类纹饰，如人面纹、马家窑文化的舞蹈盆、辛店文化的放牧图；第四类，独特的、意义不明的、神秘而怪异的一些纹饰，如"斤"字纹、"山"字纹、八卦形纹等。

认真分析这四类纹饰，我们不难得出如下结论：纹饰的主体，即第一类是装饰花纹，制作的目的可以说是单纯对美的追求。史前先民发挥聪明才智，在天天接触的常用陶器上，选择最显眼的位置，运用色彩对视觉的冲击力，高超地展现出了他们对虚与实、黑与红、简与繁、抽象与具象的艺术表现能力，为我们留下了一大批璀璨夺目的艺术精品。第二、三类纹饰描绘了人类视野中美好的自然界，将常见的动植物形象艺术化、抽象化，表达了先民对自然和生活的无比热爱。从此类纹饰中，我们不仅可以看到原始人眼中的世界，而且还能窥见他们古朴纯真的美好心灵。第四类纹饰可能反映着当时人类精神层面的某种信仰、崇拜、认识。综上所述，彩陶的主要功能是为了美化生活，先民们对美的渴望成为制作彩陶的原动力，在新石器的特定历史时期，陶器成为人们展示艺术才华的主要天地。

甘肃彩陶源远流长的历史背景

在中国各地的彩陶文化中，只有甘肃彩陶同时具备以下特点：第一，时代最早，地域广大，甘肃东部渭河、西汉水流域是中国彩陶的发源地之一；第二，在距今5000年~4000年间，中国各地的彩陶渐趋衰落，马家窑文化彩陶却独放异彩，在甘青地区形成了中国彩陶的鼎盛阶段；第三，在距今约4000年以后，大部分地区的彩陶退出了历史舞台，但甘青地区依然生存着一批坚持使用彩陶的先民，并进而将彩陶艺术向西传入新疆。

那么，为什么甘肃会产生这样独特的历史现象？

独特的自然地理环境。甘肃位于黄河上游，其东、中部均为黄土高原地区，尤其是东部地区海拔较低，分布有渭河、泾河、西汉水三大水系，河谷地带适宜原始农业的产生及发展。黄土高原的原始农业并不像现代农业那样远远落后于平原和沿海地区，从考古资料来看，在未经破坏的原始生态条件下，当地气候比现在温暖湿润。大地湾遗址出土的动植物遗存鉴定结果表明，在距今 8000 年~5000 年间，自然植物主要为针叶和阔叶混交林，属暖温带湿润区向亚热带的过渡地带，自然环境为森林草原型，仍然生长着大象、苏门犀、苏门羚等亚热带动物。在与现代截然不同的生态环境下，甘肃东部农业的起步和发展，至少在约 5000 年前与黄河中下游难分伯仲。陇原大地最早的垦荒者至少在 7000 多年前就成功地将野生黍培育成栽培黍。大地湾文化的诸多发现，无疑说明了这里是我国早期农业的发源地之一。农业和定居的肇始，提供了陶器产生的必要条件：广袤的黄土高原之下，覆盖着取之不尽的制陶黏土以及彩绘所需的矿物颜料，这一切最终促成了彩陶的诞生与发展。

辉煌的史前文化。史前时期，各地的社会经济、精神文化发展处于原生自然状态。综观 4000 多年以前的甘肃新石器时代，不仅起步较早，而且整体上处于蓬勃向上的发展期，因此，相继产生了发达的大地湾、仰韶、马家窑文化，在农业、畜牧业、建筑、艺术等领域也取得了一系列可圈可点的成就，这也是甘肃彩陶所依存的文化历史背景。正是辉煌的史前文化造就了甘肃彩陶的鼎盛。在彩陶初始期，大地湾文化的农业、畜牧业以及聚落分布密度均走在全国史前文化的前列。进入彩陶繁荣期即仰韶文化阶段，甘肃东部河谷地带，出现了上百个面积在几十万平方米以上的大型遗址，在大地湾、高寺头等地兴修了气势恢宏的大型原始宫殿式建筑，社会发展程度与中原地区至少是同步的。马家窑文化虽起步较晚，却率先使用了青铜器，在东乡林家遗址发现了我国目前发现的最早的青铜刀。齐家文化相继出土的铜镜、铜斧，说明甘肃是我国早期冶铜技术比较先进的地区。数不胜数的文化成就奠定了甘肃彩陶丰厚的物质文化基础，众多的原始文化为甘肃彩陶注入了经久不衰的活力，为甘肃先民创造辉煌的彩陶文化提供了广阔的历史舞台。

文化发展的不均衡性。甘肃是一个南北较窄、东西较长的狭长省份，东、中、西的自然地理环境显著不同，这一特点造成了甘肃古文化发展的不均衡性。东部地区自然环境优越，农业和彩陶最先发展；中部地区海拔较高，起步较迟，发展步伐迟缓，直至在距今5000年左右时马家窑文化才异军突起；西部地区为荒漠戈壁，条件恶劣，适于半农半牧，彩陶出现得最晚，一直延续到青铜时代才告结束。

应当指出的是，彩陶并不一定是文化先进的代表性特征，尤其是进入青铜时代以后。马家窑文化繁盛的彩陶，在一定程度上与相对闭塞的地理位置、独特的审美趋向和传统的情结有关，并不代表其文化的先进性。甘肃青铜时代的发展明显落后于中原的夏商周王朝，其经济形态中畜牧业比重增大。从距今4000年左右开始，甘肃气候向寒冷干燥转变，古文化的发展步伐明显放慢。彩陶的流行至少在制陶工艺上表现出了落后的一面，中原地区早已使用的先进的快轮制陶技术尚未传入甘肃。

甘肃彩陶考古回顾和研究成果

从距今8000年左右的大地湾文化起，经仰韶、马家窑、齐家文化，直至辛店、沙井文化的下限，即距今2500年前后的春秋晚期，在绵延不断的5000多年历史中，始终都有彩陶出现。甘肃彩陶的存续时间，在考古学上主要属于新石器时代和青铜时代，其大部分时间段可归属于史前时期。正因如此，甘肃新石器时代和青铜时代考古的重要研究对象就是彩陶。脱离考古学成果，彩陶的研究便成为空中楼阁。各文化的彩陶比例不同，彩陶在每支文化的地位是什么？使用彩陶的居民主要从事什么类型的经济？彩陶在甘肃的不同地域有着不同的发展轨迹，原因是什么？只有凭借考古发掘和研究的进展，我们才能揭示引起彩陶发生种种变化的奥秘，并一步一步地将彩陶研究引向深入。

1. 考古工作的简要回顾

中国近代考古学发端于1921年河南渑池县仰韶村的发掘，甘肃是我国最早开展考古工作的省区之一。1923~1924年，瑞典学者安特生为了解决仰韶文化的源头问题，在甘青地区首次进行调查与发掘，其足迹涉及省区大半，发掘了临洮马家窑、广河半山、民和马厂、广河齐家坪、临洮辛店和寺洼山、民勤沙井等著名古文化遗址。他对所获彩陶赞叹不已，称其"精美绝伦，可为欧亚新石器时代末叶陶器之冠"，他认为半山彩陶"辉煌华丽，确可为石铜器时代过渡期中陶器之艺术，放一异彩也"。由于上述发现，甘肃成为当时考古学文化发现最多的省区。1925年，安特生发表了《甘肃考古记》一书，将上述发现分为六期，即:齐家期、仰韶期（半山、马家窑）、马厂期、辛店期、寺洼期与沙井期。虽然由于资料有限，他误将出土素面陶的齐家文化作为最早的文化，其他彩陶文化排列其后，但在20世纪20年代的历史条件下，能较为准确地划分六期，并且年代序列大体不错，仍然是对我国考古工作的重大贡献。六期文化的发现，第一次从考古学上证实了甘肃具有悠久的历史，并且指明，彩陶是甘肃远古文化的鲜明特征。在甘肃的史前研究中，彩陶自此步入了学术论坛，并引起了各国学者的关注和兴趣。

甘肃地处黄河上游，是中华文化和文明的发祥地之一，甘肃又恰好处在中西文化交流的通道之中，所以，这里是探索和解决史前研究的一些重大学术课题的关键地区。我国老一辈考古学家如夏鼐、裴文中等先生不顾当时交通、生活的诸多困难，多次来到甘肃从事田野考古工作。1944年春，夏鼐考察了兰州地区的中山林、十里店、曹家嘴、青岗岔等多处遗址，并认定其文化性质属齐家、甘肃仰韶、马厂三种文化。1945年4~5月，夏鼐对洮河流域进行了考古调查，同时在临洮寺洼山遗址、广河阳洼湾齐家文化墓地进行发掘。他首次提出，甘肃仰韶与河南仰韶不同，马家窑文化应单独命名。夏先生在齐家文化墓葬填土中发现甘肃仰韶的2片典型彩陶，据此认定：甘肃仰韶应早于齐家文化。这个结论纠正了安特生关于两者之间的错误排序，推动了新石器时代及彩陶文化的研究。夏先生以墓葬填土中的陶片与墓葬本身的地层关系纠正了前人的错误，建立了正确的年代序列，也是成功运用地层学原理进行考古研究的范例。1947年7~10月，裴文中先生在渭河、西汉水、洮河、大夏河以及兰州附近从事考古调查，详细记录了93处遗址的地形地貌和发现的遗迹遗物，并做了部分试掘。尤其是渭河流域的37处遗址、西汉水流域的24处遗址，以及临洮、临夏附近的15处遗址均为首次发现，他在《甘肃史前考古报告》中认为："将来作史前人类之研究时，此亦为绝好之地区"。1948年5~8月裴先生参加了西北地质调查队，由杨钟健任队长、裴文中任副队长，刘东生、贾兰坡等先生参加，对河西走廊、兰州市附近、湟水流域又一次展开了大规模的调查。这是中国学者第一次在甘肃进行的几乎涉及全省的史前遗址调查，许多遗址成为新中国成立后考古发掘的对象，调查所得线索尤为宝贵，直至今日仍极富参考价值。在调查工作的基础上，裴先生提出了齐家、沙井文化的命名，突破了安特生"六期说"的体系。裴先生对彩陶文化极为关注，对各地区进行了分期研究，并且细致地观察到各时期各文化的不同特点，从而将甘肃彩陶的研究提升到新的阶段。1923~1949年的20多年间，在中外著名学者的共同努力下，甘肃的考古发现令人瞩目，史前彩陶文化研究独树一帜，可以说甘肃的考古工作当时代表了新中国成立前中国考古界的一流水平，其前进的步伐走在了考古学科发展的最前列。

第三章 冠绝华夏——甘肃彩陶

如果将新中国成立前的一段时间视为甘肃考古的开创阶段，那么，新中国成立以后则进入了蓬勃发展的阶段。首先，由政府组织，以本省文博工作者为主对全省进行了较全面的文物普查，这比新中国成立前的少数学者带队进行的考古调查范围更为广泛，效果更为显著，工作更为深入。在临洮马家窑、武山石岭下、天水罗家沟相继发现了彩陶文化的地层叠压关系，并据此提出石岭下类型的命名。众多作为中国彩陶的代表性器物大多在这一时期显露于世，如甘谷西坪的鲵鱼纹瓶、永靖三坪的彩陶瓮等。还有，为配合刘家峡黄河水库建设工程以及其他项目的建设，开展了一系列的考古发掘。1959年永靖大何庄遗址的发掘、1959~1960年永靖秦魏家墓地的发掘、1957年及其后武威皇娘娘台的发掘，使我们对齐家文化有了全面的认识，纠正了过去以为齐家文化不含彩陶的错误看法。1958~1959年永靖张家嘴、姬家川的发掘，揭示了辛店文化两种类型的不同文化面貌。1963年兰州青岗岔的发掘中，首次发现了半山类型的房址、窖穴以及窑址，那种认为半山陶器是随葬品、半山红黑复彩、锯齿纹是"丧纹"的片面认识被彻底推翻。张学正先生的《甘肃古文化遗存》，较全面地总结了这一时期文物普查及甘肃本省考古机构所取得的诸多收获，并提出了寺洼文化"安国式陶器"的概念。安志敏先生于1957年论述了"唐汪式陶器"与辛店文化的密切关系及两者的差异，使这类"S"形纹彩陶纳入了研究者的视野。不仅如此，他还将甘肃最西端风格独特的彩陶文化命名为四坝文化，为甘肃青铜时代的彩陶增添了十分重要的内容。

20世纪70年代至今，是甘肃考古逐步走向成熟的阶段，也是彩陶研究不断取得突破性成果的时期。20世纪70年代初、中期，考古工作的重点主要集中在中部地区马家窑文化的发掘和研究上。1974年兰州王保保城墓地首次发现马家窑类型的墓葬，1977年东乡林家遗址的发掘是马家窑类型考古收获最丰的一次，不仅全面搞清了早中晚期的文化特征和面貌，而且发现了我国目前已知最早的一把青铜刀。半山、马厂类型的发掘大多为墓地，主要有1973年永昌鸳鸯池、1977年兰州花寨子、1977~1978年红古土谷台等。在上述发掘的基础上，建立了马家窑、半山、马厂一脉相承的发展序列，进而将每个类型划分为早、中、晚期，使马家窑文化的彩陶研究达到了前所未有的高度。重要的发掘还有两项：其一是1975年广河齐家坪的发掘，揭示了齐家文化命名的原本文化面貌；其二是1976年玉门火烧沟墓地的发掘，这是四坝文化彩陶发现最多、甘肃早期铜器出土最多的地点，为河西走廊彩陶文化的发展以及彩陶西进新疆的课题研究奠定了坚实的基础。

20世纪70年代后期，苏秉琦先生提出了考古学文化的区系类型学说，将中国分为几大区域，进而探讨各区的文化发展历程以及各文化的交流、碰撞、融合。在此基础上，提出了中国文明起源多元论，即"满天星斗"说。在这些理论和学说的影响下，研究者们重新审视甘肃50多年的考古工作，发现有待解决的学术问题是：甘肃东部邻近陕西，两者是否属于同一个文化区？马家窑文化与仰韶文化是同一支文化，还是两支不同的文化？马家窑文化是彩陶的繁盛期，在此之前甚至更早的彩陶是什么面貌？为了解决上述问题，考古工作者及时调整工作方向，发掘和研究的重点从而转向天水一带。1978年，甘肃省博物馆文物工作队拉开了秦安大地湾遗址发掘的序幕；1979年在此发现了我国最早的彩陶，轰动了整个考古学界；1982年，经考古专家确认，大地湾编号为F411的房址地面上的画为我国最早的单独绘画作品；1983~1984年，发掘出仰韶文化最大的殿堂式建筑；1984年底，发掘暂告结束；1995年又进行了补充发掘。前后持续8年的大地湾发掘是甘肃考古历时最长、规模最大、收获最丰的田野工作项目，因此，在2001年被学术界评为"中国20世纪百项考古重大发现"之一。大地湾考古全面掀开了甘肃史前距今7800~4800年的历史新篇章，展示了甘肃先民创造的，包括彩陶初始以及繁荣阶段所取得的辉煌成就。不仅解决了困扰学术界多年的彩陶起源问题，而且还将彩陶文化研究从马家窑文化向前推进到仰韶文化以及前仰韶文化阶段，构建了甘肃彩陶完整的发展史。与此同时，中国社会科学院考古研究所在天水师赵村和西山坪遗址的发掘中，也发现了早期彩陶以及大量的仰韶文化遗存。1986年礼县高寺头、1995年武都大李家坪遗址的发掘，不仅将发掘区域扩展到陇南地区，进而揭示出了这一地区仰韶文化面貌大体与天水一带相同。这一时期，对甘肃青铜时代彩陶文化的发掘与研究也有了进一步深化。1984年，甘肃省博物馆文物工作队与北京大学考古系合作，共同发掘了永靖马路塬遗址、临夏莲花台基地，提出了辛店文化的发展序列：由山家头类型发展为姬家川类型，最后演化为张家嘴类型，而唐汪式陶器只是张家嘴类型中的一部分陶器，并不是独立存在的文化类型。1987年，甘肃省文物考古研究所与北京大学、吉林大学合作，完成了酒泉干骨崖、民乐东灰山遗址的发掘，为河西地区四坝文化的研究积累了新的资料，进一步证实了其盛行紫红色陶衣及黑、红彩的特点。在寺洼文化的研究中，由于庄浪徐家碾、西和栏桥、合水九站的发掘，陇东、陇南地区的寺洼文化面貌得以揭露，故将其共同归纳为安国类型，这一类型还有部分剥落严重的彩绘陶。1979~1981年在永昌三角城的3个地点清理了600余座墓葬，这是沙井文化发现以来规模最大的一次发掘。从出土铁器的现象判断，含有彩陶的沙井文化是甘肃彩陶中时代最晚的文化，证明当时已进入了早期铁器时代。

从上述的简要回顾中不难看出，最近的40多年是甘肃新石器、青铜时代考古工作飞速发展的时期，也是研究逐步深入、硕果累累的时期。数十个遗址、几千座墓葬的发掘资料，极大地拓展了研究空间。自然科学的介入使考古学逐渐成为一门交叉学科，如碳14年代测定方法、彩陶颜料的X射线衍射分析、动植物标本的鉴定分析等，提高了研究成果的科学性，使得结论更为可信、准确。1979年《甘肃彩陶》大型图册正式出版，立即受到社会各界的普遍青睐，短期内销售一空，1984年再版后仍无法满足社会的需求。这种可喜的局面说明，彩陶研究正在从学术界的象牙塔走向社会、面向大众。随着开放和对外文化交流的扩展，甘肃彩陶作为黄河文明悠久历史文化的结晶、世界文化艺术宝库中的璀璨明珠，多次被选送到美国、日本、克罗地亚、新加坡以及中国台湾、中国香港等国家和地区展览，其深刻的历史内涵、极富魅力的艺术风采，备受观众的喜爱和推崇。

经过考古工作者近百年的努力和几代人的辛勤劳动，已结出了丰硕成果，其中，甘肃彩陶的研究成果尤为显著。

第一，基本搞清了甘肃彩陶的起源、发展、衰落的全过程，即梳理出了一部较完整的彩陶发展史。对于起源的研究，学术界走过了漫长而曲折的道路。最初，安特生认为中国的彩陶是由西方传入的，"近与俄属土耳其斯坦相通，远或与欧洲相关"；新中国成立以后，很多中国学者又提出甘肃彩陶是从中原一带传播而来。直至在大地湾、师赵村、西山坪遗址中陆续发掘出仰韶之前的彩陶文化时，人们才认识到，包括甘肃天水一带的渭河流域应是中国彩陶的最早发源地，甘肃彩陶原本就起源于本土。

第二，建立了甘肃新石器、青铜时代考古学文化谱系。所谓谱系，是指文化间的传承以及是否属于同一系统的关系。有些文化如马家窑、半山、马厂类型之间的关系有如父、子、孙一样同属一个文化系统；有些文化如四坝与沙井文化、辛店与寺洼文化等则不存在因袭关系，是相互独立的考古学文化。甘肃境内这一时期的各类文化大多含有彩陶，少数如寺洼文化含有彩绘陶。所以，考古学文化谱系的确立意味着甘肃彩陶文化谱系的建立。

第三，大体掌握了各文化的基本特点，尤其是彩陶特征。由于每个类型的文化都有成批的发掘资料，提供了生产、生活、经济的发展状况，以及生态环境等多方面的信息，使得我们对于各文化的整体面貌有了较全面的了解和认识。掌握了彩陶特征，对无论出土还是采集的各类彩陶器，都可较为准确地判定其所属文化、年代。对文化有了较全面的认识，彩陶研究由此而愈加深入。如四坝文化多小型带耳彩陶，基本不见大型缸、瓮类器，其原因在于当时畜牧经济占有较大比重，小型带耳器易于携带，便于牧业生活。

第四，初步弄清了每个类型的时空分布。借助碳测年代的科学手段，在地层学和类型学研究的基础之上，目前已经基本建立了各文化发展的年代序列。换句话说，各类彩陶谁早谁晚，早到什么时候，晚到什么阶段，大体距今多少年，都在我们掌握之中。每支文化的分布范围，包括中心区和波及区，也已经初步搞清。《中国文物地图集·甘肃分册》《甘肃省志·文物志》相继于2001年、2018年出版，涵盖了大量甘肃的史前遗址遗物。

第五，对彩陶的综合性研究取得了很大进展。从美术角度探讨彩陶的发展历程，是史前美术史的重要组成部分，也是中国美术史的重要章节，许多美术史专著对此都有较深入的阐述。从艺术的角度结合考古成果，对彩陶纹饰、造型的艺术特点以及规律进行综合研究，张朋川先生的《中国彩陶图谱》是这方面的代表性著作之一。1998年出版的李水城先生的专著《半山与马厂彩陶研究》，是考古学领域中难得一见的彩陶研究力作。作者将已经发表的与散见各地的共4000多件彩陶作为研究对象，从器型的对比入手，重点对颈部、腹部、内彩数十类彩陶纹饰详尽地作了分期研究，总结出了甘肃彩陶鼎盛时期器型、纹饰的演变规律，并多方位、多层次地对彩陶进行了系统透彻的综合研究，得出了许多令人耳目一新的结论，至少对半山、马厂彩陶的研究达到了前所未有的高度。

文化分区和空间分布

甘肃位于我国西北部,面积约45万平方公里,省境呈西北—东南走向的狭长形,由东至西长达1600多公里,地处黄土高原、内蒙古高原与青藏高原的交会处,是一个山地型高原地区。由于地域辽阔、地形复杂,以及自然生态环境差异较大,为人类活动和发展提供了多种形式的生态条件。因此,甘肃境内的新石器、青铜时代文化面貌复杂,发展进程与方向颇不一致,经济类型多样化,彩陶纹样各有千秋。甘肃彩陶文化分属不同文化系统,呈多元发展的态势。甘肃东部、中部、西部各有不同的古文化和彩陶,即使在同一阶段,社会经济发展程度也存在着相当的差距。所以,依照不同地区的文化内涵进行归纳,可将甘肃的东部、中部、西部视为3个相对独立的文化区。

东部和南部地区,可简称为泾渭区。按行政区划指庆阳、平凉、天水及陇南和定西地区的东半部(华家岭和白龙江以东)。该区主要河流为黄河水系的泾河、渭河与长江水系的白龙江、嘉陵江,地形为黄土高原和陇南山地,其中六盘山将陇中黄土高原分为陇东、陇西两部分,陇东多有宽阔的黄土塬,陇西普遍为黄土梁峁沟壑地形,海拔一般在2000米以下。该地区与中西部地区相比,自然条件优越,气候为温带湿润区或

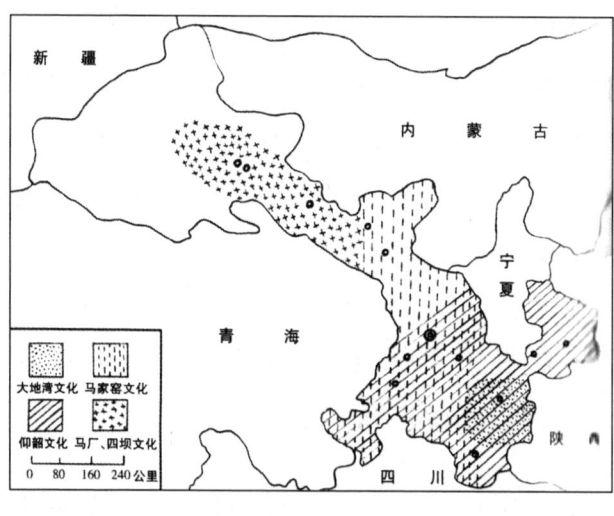

甘肃彩陶分布地形线图

半湿润区，利于农业文化的生长发育，是新石器时代遗址发现最多的地区，也是我国农业、彩陶的发源地。

中部地区，可简称为（黄）河、湟（水）区。按行政区划指兰州、白银、临夏、甘南、武威、金昌以及陇南、定西地区的西半部，主要河流为黄河及其支流洮河、大夏河、湟水、庄浪河等，民勤与金昌境内有石羊河、金川河。除武威、金昌两地属河西走廊，甘南属甘南高原外，大部分地区仍属陇西黄土高原，海拔一般在2500米以下，现代气候大多属温带半干旱气候区。该区是首先发现甘肃彩陶的地区，也是彩陶最为繁盛的地区。该区最早的彩陶遗存比东部地区晚了约2000年。

西部地区按行政区划分指张掖、嘉峪关、酒泉三地区，即河西走廊的中西部。其北为巴丹吉林沙漠和北山山地，其南是绵延千里的祁连山，河流均为内陆河。该区既有广袤的荒漠戈壁，又有宽阔的绿洲沃野，海拔多在1400~2000米，属温带干旱气候。因自然条件比中东部地区恶劣，生存环境较为艰难，所以文化发育迟缓。现在该区有明确证据的最早遗存是马厂类型，这比中部地区最早的遗存又晚了700~800年。马厂类型后来逐步演变为青铜时代的四坝文化，四坝文化的彩陶图案及陶器中的许多因素都来自马厂类型。

综观甘肃彩陶的时空分布，不难发现一个重要现象：甘肃彩陶由东向西渐进传播的清晰脉络。自然地理的较大差异造成了文化发展的不均衡性，东部地区在甘肃自然条件中最为优越，农业发生最早，因此，彩陶率先于约8000年前在此诞生，而此时的中西部还是一块沉寂的处女地。当历史的车轮驶入距今6000年左右时，中部地区始见原始文化和彩陶，在此基础上又过了近千年，马家窑文化才终于出现在中部地区的历史舞台上，形成了与东部的仰韶文化互相对峙的强盛阵容。后来，又是东部地区兴起的齐家文化不断向西扩张，将马厂类型的文化最终逼进河西走廊的中西部。

进入青铜时代以后,这种文化与彩陶西进的趋势才逐步停顿下来,使得四坝、辛店、寺洼、沙井文化在各自的区域内走上了独立发展的道路。新考古资料表明,在河西走廊、青海、内蒙古等地区以及新疆哈密还存在一个单独文化种类——西域驿文化。

第二节 陇彩初绽——大地湾文化

在我国迄今为止的考古发现中,最早含有彩陶的考古学文化是距今8000~7000年前的大地湾文化,该文化得名于甘肃秦安大地湾遗址。这个遗址不仅发现了我国最早的彩陶,而且还有最早的农作物标本、中国的文字雏形及一系列重大发现。许多人很想知道:如今声名显赫的大地湾遗址是如何发现的?什么时候发现的?又经历了哪些曲折而传奇的过程?

大地湾考古发现和分布范围

从素有"羲皇故里"之称,地处甘肃东部的历史文化名城——天水市出发,沿葫芦河谷经秦安县城,往东北方向行驶百余公里,古迹众多的清水河谷地便展现在眼前。这里是汉代由关中通往甘肃的通衢大道,属丝绸之路的重要路段。两岸的河谷地带分布着丰富的

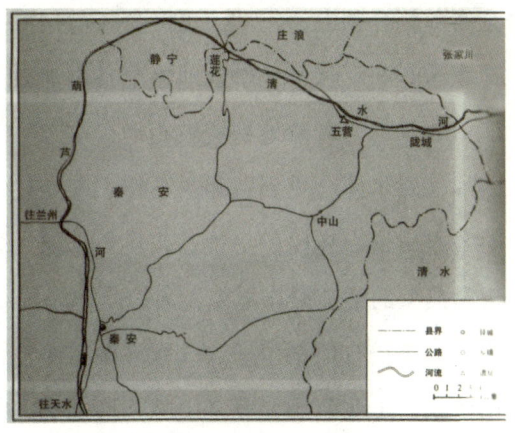

大地湾遗址地理位置图

大地湾五营乡实景照片

古文化遗存,仅仰韶文化遗址就有 10 余处之多。大地湾遗址就坐落在清水河下游五营乡邵店村东的河边阶地及与之相连的缓坡山地上,东距陇城 7 公里,西去莲花 11 公里。遗址位于河谷南岸,面临清水河,背依山地,东西两侧分别以冲沟和溪流为其天然屏障。此处河谷平坦而宽阔,南岸台地宽 500~600 米,北岸台地略窄且山势较陡,所以先民选择南岸而居。从河边的二、三级阶地到缓坡山地,水渠、庄稼地里经常可见散落的零碎彩陶片,偶尔还会见到石斧、石铲、陶纺轮等古代遗物。在各处田埂断崖不时暴露出远古先民的房址、灰坑等遗迹,遗址总面积约 110 万平方米。这里是典型的黄土梁峁地貌,河边阶地海拔高为 1458 米,山顶海拔 1673 米,河边至今仍有芦苇湿地,气候属温带半湿润区,气候温和、四季分明、依山傍水、土质肥沃,兼有山林河渔之利,为史前先民的生存与发展提供了优越的自然条件。据古史传说,人文始祖伏羲生于古成纪,即今天水一带,天水市西关至今还留存有明成化年间修建的伏羲庙。天水三阳川渭河之南的卦台山传说是伏羲"始画八卦"的宝地，陇城历代建有女娲庙，天水秦安称"羲里娲乡"，是华夏文化的起源地，这与今天的考古发掘成果在一定程度上是吻合的。虽然我们至今尚无法证实历史上是否真有其人，但不妨将他们作为远古部落的首领或代表人物看待。过去的古史传说与今日的科学发现，共同指明这一区域正是中华远古文化孕育诞生的重要地区。

大地湾遗址发现于1958年。当时甘肃省文管会组织的泾渭流域文物普查小组在山坡上发现了属于仰韶文化晚期的一些遗物和遗迹，认定这是一处需要保护的古代文化遗址。1961年该遗址被公布为县级文物保护单位。

1978年夏天，甘肃省博物馆文物工作队队长岳邦湖、副队长张学正率领业务人员去渭河流域选择仰韶文化的发掘地点。他们沿渭河而下，穿陇西、过甘谷，一路考察，没有发现理想的发掘地点。当来到秦安县文化馆以后，他们以敏锐的专业眼光从库房堆放的文物中捕捉到了一组既陌生又熟悉的陶器，其中有黑宽带纹红陶钵、黑彩鱼纹红陶盆、造型独特的葫芦形瓶、彩陶罐等。说它陌生，是因为类似的纹饰、器型在甘肃以往仅有零星的残片出土，却从未见过成组的完整陶器；说它熟悉，是因为这组陶器与著名的西安半坡遗址出土器物真像是孪生兄弟，面貌非常接近。真是"踏破铁鞋无觅处，得来全不费工夫"，毫无疑问，这是一条寻找仰韶文化极有价值的宝贵线索！原来，这是文物干部韩永录当时从五营乡征集来的。韩永录十分热爱文物工作，经常挑着一副草筐走乡串户，下乡征集文物。五营乡那两年在河谷地带大兴土木，先后新建了乡卫生院、粮管所、邵店村小学，在施工中不时有陶器出土。于是岳、张一行顺藤摸瓜来到了偏远的五营乡。在新建的邵店村小学，教师们介绍说在扩建操场和修建围墙时还发现了一批古代墓葬，挖出不少陶器，但人们因旧观念及迷信思想而嫌弃这些东西曾与死人骨头埋在一起，发现后便把大多数当场毁坏丢弃，只有个别有花纹的陶器没舍得打破,最后由韩永录收藏到了县文化馆。至此,便可确认:文化馆的那批无比珍贵的彩陶就出自距今6000多年前的仰韶早期墓地。在随后的调查中,线索进一步扩大。他们发现乡卫生院、粮管所的一些职工用彩陶盆养花,还有一些农民用彩陶当盐罐装盐。群众反映,这里一锄头下去就可能刨出一件古物来。经多日调查,省博物馆文物工作队又征集到一批完整的彩陶。在与村小学一墙之隔的乡卫生院,颇有文化修养的郭院长拿出一批从遗址中捡到的各类石、骨器,这些文物说明该遗址不仅有墓地,还有人类的居住遗址。一些断崖暴露出了几米厚的文化层,其中既有房址、窑址、灰坑等遗迹,又有各类陶、石、骨器等遗物。一切迹象表明,这是一个以仰韶文化为主体的大型遗址,极富发掘价值。调查人员兴奋不已,经报请上级批准,决定在此试掘。1978年8月,考古人员进驻工地,开始在河边阶地部分进行试掘。

谁也未曾料到,始于此时的田野发掘后来竟持续了7年之久,直到1984年才暂告结束。1995年又进行了补充发掘,即使如此,也只是打开了大地湾遗址这座地下宝库的小小一隅。大地湾遗址由山地与河边台地两部分组成,1958年发现的是山地部分,20年之后由于农田基本建设造成遗址受损,我们因此也得以发现更古老的台地部分。经过发掘,我们才认识到无论山地还是台地,它们本属于同一个遗址,是一个不可分割的整体。根据对出土文物的研究,这个遗址蕴含了约3000年的人类历史!起初人们在离水源最近的河边台地安家立业,随后逐步向山地扩展,最终在距今5000年左右,形成雄踞长虫梁、傲视清水河的大型中心聚落。大地湾考古的初衷是为了研究甘肃境内仰韶文化的面貌,而实际的发掘结果远远超乎事前的预料,我们不仅达到了预期的目的,而且层出不穷的重要考古发现还使我们欲罢不能。其中最重要的成果之一,是找到了仰韶文化的祖先,发现了我国第一支含有彩陶的考古学文化——大地湾文化,从而使彩陶研究取得了重大突破。

大地湾文化的发现和命名

一般人极少能有机会进入考古工地，去亲临现场观摩发掘的全过程，因此，考古对公众而言便充满了神秘的色彩。考古发掘是如何进行的？多数人并不了解。为了说明大地湾文化的发现，在此对考古发掘过程作一简要介绍。一般在选中遗址后，首先在地表划定一个个探方。大地湾遗址是史前村落遗址，需作大面积揭露，故所开探方均为10米长宽，而一般的考古发掘大多开挖5米长宽的探方，然后逐层下挖，根据土质、土色的不同，划分不同的文化层。在发掘过程中，如遇古代文物或墓葬、房址，要小心翼翼地用工具（如铲、毛刷、铁签等）清理出来，再进行绘图、拍照，做好文字记录。每个探方要挖到生土层，即人类从未翻动过的土壤，才算最后结束。

1979年，大地湾考古进入第二年。一些探方已经清理到下层，即靠近生土层的最下一层。这一文化层出土的器物非常独特，与上面地层的仰韶文化面貌截然不同。陶片质地松脆、色泽不匀，几乎见不到大块的陶片，墓葬中的随葬器物多已破碎，发掘人员形象地称这些陶片为"酥皮点心"，这一现象可说明当时制陶技术较为原始。且发现的器形很特殊，底部多有小小的三足支撑，或圜底、或圈足，基本不见平底器。更为奇怪的是，在钵形器口沿内外均发现暗红色的彩条带。以上特征无疑表明，它们不是通常认识的仰韶文化。从地层上看，这是早于仰韶文化的遗存。难道这是更早的彩陶？随着发掘规模的扩大，在二级台地的大多数探方下层均发现这类遗存。工作人员迅即采集了木炭标本，送至北京进行碳14年代检测法测定。经北京大学考古实验室测定，送检的5个标本年代距今7300年~7800年，比仰韶文化早了近千年。1981年，考古工作队公布了上述发掘

宽带纹彩陶钵

和研究成果，立即轰动了考古学界。大地湾文化的发现不仅确立了黄河上游地区新石器早期文化，而且为探索彩陶与农业的起源提供了一批弥足珍贵的实物资料。大地湾彩陶与世界上最早出现彩陶的两河流域及中亚地区在时间上几乎是同步的，争论多年的中国彩陶起源问题终于有了肯定的答案，所得证据有力地表明了中国彩陶起源于我国西北地区的渭河流域！

考古学研究中，经常使用"文化"一词，如仰韶文化、马家窑文化、周文化、秦文化等等。考古学的"文化"不同于广泛意义上的文化，是指大体同时、集中在一定地域并有相同特征的遗迹、遗物的共同体。这种共同体是由许多民族、部落组成的社会集团，它们有自己的不同于其他文化特征的文化传统。在一定程度上，它们类似于历史时期的各代王朝。大地湾文化的命名也存在类似问题。发掘者最初是以"大地湾一期文化"来命名的，有的学者则以最早的发现地冠名为"老官台文化"；继而有的学者称老官台遗址面积太小，出土物少且不单纯，不能作为该类遗存的代表，而应以大地湾遗址为其代表；又有学者以大地湾遗址含有多种文化，因而主张以内涵单纯的陕西临潼白家村遗址命名为"白家村文化"，在争论不休的情况下，有学者提出暂称之为"前仰韶文化"。随着更多早期彩陶文化遗址的发现，学者共识逐渐增多。在已发现的近20处同类遗址中，无疑大地湾材料最为丰富，既有房址，又有墓葬，出土陶、石、骨器等文物500余件。有鉴于此，许多学者认为还是以大地湾或首次发现地老官台命名为宜。本书采用了大地湾文化的命名，其文化特指遗址最下层的早期彩陶文化。

大地湾文化的分布

甘肃东部的三大水系，即渭河、泾河、西汉水流域，都有较优越的自然条件及宽阔的河谷，是早期农业发育的理想地区，也是寻找彩陶之源的希望田野。

1984年，甘肃省博物馆文物工作队在野外调查时，首次在西汉水流域发现大地湾文化遗存。西和县长道乡与礼县永兴乡之间是西和河入西汉水之处，因河水冲积形成宽约2000米的河谷平地。在甘肃东部地区如此宽阔的河谷极其少见，加之海拔在1500米以下，地貌仍为黄土区，适宜早期农业的开拓。在这一区域，相继发现了3处早期彩陶文化遗址。长道宁家庄是个大型仰韶文化遗址，位于西汉水南岸，在河边一级台地发现大地湾文化陶片和灰层。1986年全省文物普查时，又在礼县永兴赵坪、盐关采集到早期遗物。以上3处距离不超过10千米，分布尤为密集。这一河流交汇谷地，是今后考古工作的重点地区。另外，在嘉陵江支流永宁河流域徽县柳林遗址同样发现此类遗存，这是甘肃境内最南端的遗址。

从以上遗址的分布情况看，我们可以总结出某些规律和特点：一是位于河谷地带较低的河边阶地，除柳林遗址地处陇南山地外，其他均属黄土梁峁沟壑区；二是多处于大河与支流交汇的河口附近；三是在某些较为适宜的区域，8~10千米就有个史前村落。自1979年以后，陕西也陆续发现了一批大地湾文化遗存，经过发掘并见于报道的主要有：渭河北刘、白庙、临潼白家村、宝鸡北首岭、关桃园等遗址，其中以2002年2~7月发掘的关桃园收获最为丰富，发掘面积2500多平方米，发现房址4座、墓葬6座、灰坑120余个，出土陶、石、骨器300多件。这些遗址的分布特点与甘肃大同小异,一般位于渭河或其支流的河边台地。大地湾文化先民之所以选择上述地区,是因为临近水源、地势平坦、较为温暖的缘故。

大地湾彩陶的文化特征

判定一支史前文化的特征是考古研究的首要课题,研究彩陶,必须掌握与理解产生彩陶的环境和条件,进而探讨彩陶在人类生活中所起到的作用及意义。对于史前考古而言,陶器是最为常见的生活用品,它记载着古代人类社会文化演变的丰富信息,因而理所当然地成为主要的研究对象。

大地湾文化内涵丰富、特征鲜明,既是我国率先使用彩陶的史前先民创造的,又是西北地区最早产生的农业文化。因其属于新石器时代早期,所以处处显露出原始的特征:

(1)选择在河边台地构建自己的村落。在已发掘的遗址中,大地湾发掘面积最广、收获最丰富,其村落范围长约120米、宽40~60米,残存4座房址、17个灰坑以及15座墓葬。从布局来看,房址呈散点式分布,间距在25~35米之间,房址周围既有储藏物品的窖穴,也有墓葬,有的墓葬离房址近在咫尺。看来,整个村落布局缺乏规划,随意性较强。

(2)先民们完全脱离了野外的树居、洞居生活,已有了固定的房屋建筑。大地湾房址均为圆形半地穴式建筑,面积大小相近,仅有6~7平方米,另有斜坡式门道通向室外,面对河流所在的北方。宝鸡关桃园遗址的房屋不仅室内居住面和穴壁抹有一层礓(jiāng)石面,而且还发现有专门生火的灶坑,用以取暖和烧煮食物,可推测这类房址应为窝棚状建筑。

(3)大地湾和关桃园遗址发现有该时期的墓葬,但不见集中的公共墓地。墓坑呈长方形或圆形,葬式以单人仰身直肢为主,关桃园有屈肢葬和二次葬。大地湾的葬俗流行双手交叉于胸前,腰腿一侧随葬少量陶器和石器等,其中多有彩陶。这些器物均为死者生前使用的生产、生活用品,不是专事随葬的明器，由此可见当时的生产制作能力有限。关桃园还发现了一座幼儿尸骨装殓在绳纹鼓腹罐中的墓葬，这是考古发现中时代最早的第一例瓮棺葬，这种独特的埋葬方式表达了先民们对夭折儿童的亲情和哀思，后者的仰韶文化也承袭了这类葬俗。

（4）大地湾文化的陶器具有鲜明的特征，从外观上看，器表色泽不统一，常见褐色斑块，陶色或红或褐、或内黑外红，质地不坚硬，陶片分层。仔细观察陶质，多为夹细砂陶，陶片断茬处砂粒清晰可见。器物类别不多，形制简单而特殊，与其他文化差别明显，常见器物有圜底钵、三足钵、深腹罐、三足罐、圈足碗、小口壶等。大量使用的纹饰是交错绳纹或细密的斜绳纹，尤其是同一器物同时使用彩绘和绳纹，是该文化独有的现象。其陶器制法独特，是在陶模上分层敷泥而成，简称为模具敷泥法，它不同于大多数彩陶文化使用的泥条盘筑法。

（5）石、骨器种类较少，且大多制作粗糙。石器多打制，仅有少量的磨光石器，且形制不太规整。但值得注意的是，在关桃园遗址灰坑中发现了晶莹的玉环，这是西北地区最早的玉器。还出土有制作精美的石刃骨刀，这是一种切割兽肉的复合工具，形似今日的水果刀，器身为骨，刃部镶嵌有锋利的石片，后来流行于西北史前文化以及北方草原文化。

（6）在大地湾编号为H398的灰坑中，发现了一堆炭化的粮食标本，经中国科学院植物研究所刘长江先生鉴定为黍（俗称糜子），但黍粒均小于现代种，反映出当时栽培技术的原始。出土的骨耒（lěi）、磨石、磨盘、陶刀、石刀等农业生产工具进一步证实了农业已经产生，并且超越了刀耕火种的最初阶段。由此说明，在我国西北地区彩陶和农业两者之间存在着不可分割的关系，那就是先有农业后有彩陶，彩陶首先是由农业部族发明并使用的。

大地湾文化普遍发现彩陶，已发掘的各遗址均有完整或可复原的彩陶器出土，其他遗址则发现有众多的彩陶残片，无疑，彩陶是大地湾文化的标志性特征之一。根据大地湾、西山坪等遗址的统计,彩陶数量约占全部陶器的1/3,比例如此之高,可见甘肃彩陶问世之初,即具有一种奔腾磅礴的气势,迅速展现出了耀眼的光辉。

饰彩的陶器主要为钵形器,还有少量的圈足器。它们有的出土于房址或灰坑中,有的作为随葬器物出土于墓葬。钵形器又分两类:一类是三足钵,一类为圜底钵,其用途均属常用饮食器。通俗地讲,先民们每天不能离开的盛饭的饭盆、吃饭的饭碗大多是彩陶器。这些器物口径一般在20~30厘米之间,高约10厘米。彩陶一经发明,就被先民们大量使用在日常生活中,足以证明它与人类生活息息相关。

大地湾圈足碗

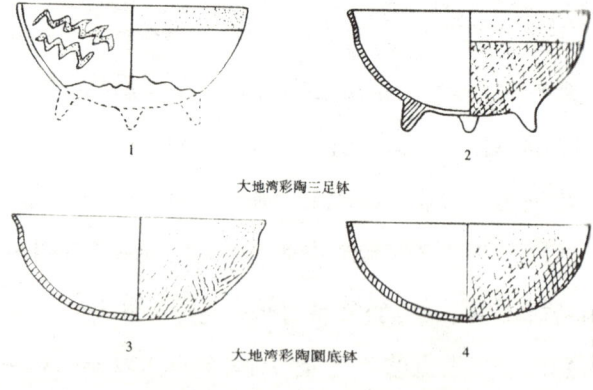

大地湾彩陶三足钵和圜底钵线图对比

彩绘颜色均为红色偏暗,多呈紫红,色调较浓,一般绘在钵形器的口沿内外,形成一周连续的彩带。沿外彩带较宽,大多在2~3厘米之间,个别器物可宽达4厘米;内彩带较窄,一般在0.4~0.6厘米之间。

陶器内壁的彩绘简称为内彩。在大地

湾文化中除了前述的口沿内窄带外,还有10余种的内彩图案。图案绘于钵形器内腹,连续性不强,均为单独纹样,色彩同样为紫红色。纹样大体可分两类:一类由直线构成,如"↑""十""山""M"形等,另一类由弧线组成。对前一类纹样,有些学者认为是具有记事或某种特定意义的符号。有趣的是,在其后的仰韶文化早期宽带纹彩陶上的刻画符号与此类似,

大地湾"十"字彩陶片

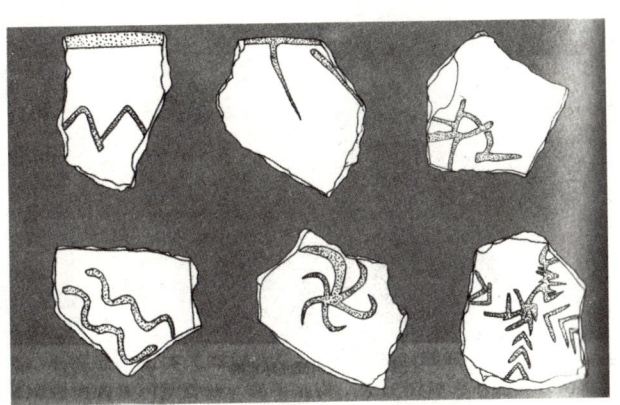

大地湾陶器内彩线图

尽管这类符号具体含义尚待研究,但许多专家认为它们可能是文字的雏形;后一类纹样多为不明意义的几何图形,其中有的近似动植物图形,颇具神秘色彩。无论哪种纹样,都不大可能是先民随意而为,但装饰功能似不明显,具体含义有待进一步破解。

另外,大地湾遗址在黑色深腹罐内壁还发现有白色彩绘几何纹样,数量虽仅有2片,但说明这种陶器烧成后再绘彩的技法与彩陶的历史至少同样悠久。

大地湾文化彩陶呈现出较多的原始性,如常见纹饰单调、千篇一律,

尚未出现变化多样的图案，说明史前先民的思维和艺术水平还处在最初的原始阶段。它们尽管远不及仰韶彩陶那样绚丽多姿，但是毕竟将彩陶引入了人类的生活，将美好的色彩带到了人间，在艺术史上留下了不朽的篇章。

第三节　彩韵含苞——仰韶文化

仰韶村是河南省西部渑池县的一个普通村庄,北距黄河20余公里。80多年前,瑞典学者安特生在这里主持了近代考古学传入中国后的第一次考古发掘,并以此命名了中国的第一个考古学文化——仰韶文化,从此,这个小村庄名声大振,仰韶这个名称频繁地出现在历史学、考古学的论坛上,也同时出现在亿万学生的教科书上。

考古发现、分期和分布范围

1. 考古发现

仰韶遗址是如何发现的?安特生是怎样的一个人?

虽然今天已步入21世纪,然而,对于对彩陶研究感兴趣的人们来说,了解这段尘封的历史往事,不仅具有重大意义,而且非常有助于科学研究。安特生是位地质学家,曾任瑞典地质调查所所长。1914年,受中国北洋政府的邀请,协助寻找矿藏,但由于当时内战接连

安特生

不断，找矿工作非常艰难，于是，经批准后便主要从事采集古生物化石的科学研究工作。在各地调查的过程中，他首先注意到了北京周口店遗址的重要性，便安排奥地利古生物学家师丹斯基发掘了该遗址，获得了丰富的古脊椎动物化石，并且发现了两枚人类牙齿。安特生于1921年考察周口店时，在堆积物中发现了古人类用于切割肉类食物的石英质石器。这些工作掀开了中国旧石器时代古人类考古的序幕，为后来轰动世界的周口店猿人头盖骨的发现起到了先行引导作用。在这一过程中，安特生的兴趣由古生物逐渐转入到石器方面的研究，由地质学延伸到了考古学领域。

安特生与仰韶的缘分可以追溯到1918年。当时，他从一位家住仰韶村的王某处听说那里有龙骨，于是在王某的陪同下第一次来到该村采集化石标本。1920年秋季，他派助手、地质调查所的采集员刘长乐再次去那里采集化石，并叮嘱刘长乐随身带去一些从各地采集的石器标本，以便在调查过程中出示给村民，进而获取更多的石器线索。刘长乐在仰韶村的村民家中发现了一些制作精美的石器，并得知石器的出土地点就在村子附近，于是刘长乐又从野外采集了一批，前后共计600余件。当他将采集的标本全部带回北京交给安特生时，安特生据此推断仰韶村是一个大型的新石器时代遗址。1921年4月，他们第二次踏上仰韶村的土地，进行实地考察。在村南发现了古代人类活动遗留的厚厚的灰土层，其中不仅有灰坑遗迹，还有不少绘有黑彩的红陶片及石器等遗物，因无金属器物发现，所以安特生认定这是一处颇有发掘价值的石器时代遗址。经报告北洋政府农商部和地质调查所批准，在当地政府的配合下，1924年10月27日至12月1日，他们进行了仰韶村遗址的发掘，中国田野考古学以此为标志拉开序幕。这次共发掘了17个地点，出土了大批珍贵的遗迹遗物，向世界宣告了中国有着自己的悠久历史文化。之后，安特生与袁复礼等中国学者一起在渑池以及郑州附近发掘和调查了一系列遗址，安特生认为它们是同一系统的文化，应称之为"仰韶文化"。

2. 甘肃境内的仰韶文化

仰韶文化在甘肃的第一次发现，仍然要追溯到20世纪20年代。1923年，安特生发表了《中华远古之文化》的论著，他认为，仰韶文化的彩陶与中亚的安诺和特里波列文化彩陶存在着众多相似之处，进而推测仰韶彩陶源于中亚或西亚地区。于是，为了验证这些推测，他来到甘青地区这一重要的中西文化交流通道，试图找到彩陶由西向东传播的证据。

1947年7月至8月间，一位著名的考古工作者顶着盛夏的烈日，穿行于山岭沟壑之中，在渭河、西汉水河谷地带从事着十分艰辛的考古调查，这就是曾主持北京周口店猿人遗址发掘以及研究、在国际学术界享有盛名的裴文中先生。此次调查在渭河流域的天水、甘谷、武山、陇西共发现了39处遗址；在西汉水流域的成县、西和、礼县共发现24处遗址，其中大多为仰韶文化或含有仰韶遗存的遗址。裴先生在《甘肃史前考古报告》中作了详尽的描述及初步的分析。这是中国学者对甘肃境内的仰韶文化作的第一次大规模的考古调查，也是仰韶文化在甘肃的第二次重大发现。

新中国成立以来，考古事业进入了快速发展的时期。甘肃省文管会于1957年首次在洮河流域的马家窑遗址发现仰韶中期遗存；1962~1964年，又相继试掘了渭河流域的天水罗家沟、甘谷灰地儿等遗址，并提出了有关石岭下类型的学术课题。20世纪70年代末，秦安大地湾、天水师赵村等遗址的大面积揭露，使得仰韶文化的研究获得了突破性的进展。不仅建立了仰韶文化的年代标尺和发展序列，而且在聚落形态、古生态环境以及经济生活、房屋建筑等方面的研究均取得了前所未有的成果，使我们对甘肃境内的仰韶文化有了更为深入、全面的了解和认识。

3. 仰韶文化的分期和分布范围

仰韶文化经历了长达两千年的持续而稳定的发展，其彩陶纹饰也处于不断的变化之中。为了准确把握这种阶段性的发展变化,学术界通常将仰韶文化划分为三个大的发展阶段,即早、中、晚期。泾、渭流域的仰韶文化面貌基本一致,因此,甘肃境内的仰韶文化大体同样可划分为早、中、晚三期。

这种分期的标准是什么呢?

这主要依据于尖底瓶的变化。尖底瓶是仰韶文化中自始至终使用的一种盛水的器物,在各个遗址中多有发现,是一种常见器物,或可称为仰韶文化的标志性器物。它的变化较为敏感,各阶段的形制存在着显著的差异,所以学术界最终选择以不同的尖底瓶划分为不同的文化期。仰韶早期的尖底瓶在甘肃有两类,庆阳宁县董庄与正宁富家川的尖底瓶形制为杯形口;大地湾、师赵村二期出土的尖底瓶则为葫芦形口,器体较长。这两类尖底瓶中腹部或偏下部均有一对环形耳,前者的形制更接近于陕西关中一带,后者独具特色。这一时期出土的杯形口、葫芦形口尖底瓶的遗存为早期;中期尖底瓶均为双唇口,一般不见腹耳,这类尖底瓶的遗存为中期;晚期尖底瓶主要形制为平唇口(或称平沿口),腹部无耳,但在偏晚阶段出现

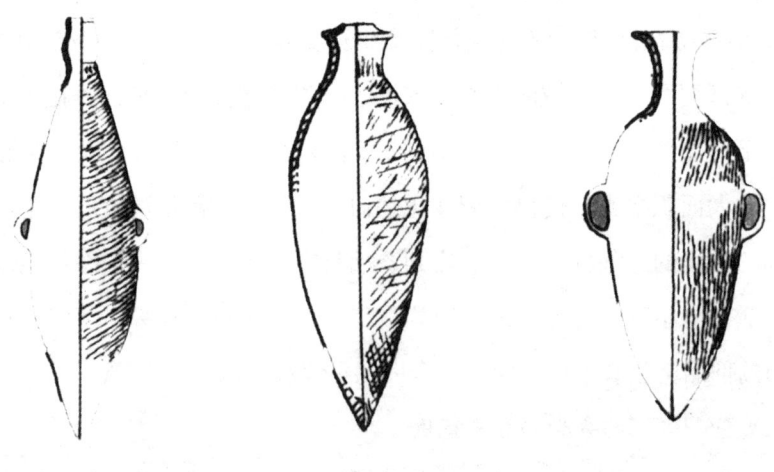

仰韶文化尖底瓶差异线图

了喇叭形口、腹部有一对桥形耳的小型尖底瓶，甚至在陇西还采集到一件全身饰彩的尖底瓶，这类遗存为仰韶晚期。

对于仰韶文化各期的名称，多种意见并存。陕西关中地区以及豫、晋、陕交界区，因早在20世纪50年代发掘了著名的西安半坡、陕县庙底沟等遗址，分期研究先行一步，把仰韶早期称作半坡类型、仰韶中期定名为庙底沟类型、仰韶晚期称之半坡上层类型或西王村类型。当这类命名使用了一段时间以后，有的学者首先认识到，考古学的类型原本是用来区别同一文化的不同地域分支的，通过类型体现地域的不同，所以上述命名用来表示时代的不同不太妥当，后改为半坡期、庙底沟期、半坡晚期。因为甘肃仰韶文化的面貌同上述地区大同小异，所以其命名也就顺理成章地套用了这些命名。但是，当我们发现天水、陇南一带的仰韶文化后，随着时间的推移和研究的深入，地方特色日益浓厚，套用上述名称容易与渭河中下游的仰韶文化混淆，还是应另立地方类型较为妥当。根据现有的发掘资料，以大地湾遗址最为丰富，可作为该区域的代表性遗址，因此，现在将此地区的仰韶早、中、晚期分别暂称之为大地湾二、三、四期类型。

在研究甘肃彩陶时，经常会接触到所谓石岭下类型的问题。石岭下是武山县城以西25公里处、陇海铁路南侧的一个小山村，虽然未经正式发掘，但是以石岭下命名的鲵鱼纹彩陶瓶却名扬海内外。有人说它属于仰韶文化晚期，有的又说是马家窑文化早期，还有人认为是庙底沟期向马家窑文化过渡的中介性遗址，众说纷纭，莫衷一是。其实，目前称作石岭下类型的遗存经正式发掘的只有三处，即天水师赵村、西山坪和武山傅家门。其他采集品主要来自天水至武山一带，这类遗存均未超出大地湾四期的范畴，它们实属仰韶晚期偏早阶段，论文化谱系应归属仰韶系列。至于甘肃中部地区是否存在类似遗址，目前尚无确凿的发掘资料，石岭下类型的问题的最终解决还需依赖或寄希望于今后中部地区的考古发现。它的命名虽不大符合考古学命名原则，但既然已成为人们的习惯称呼，按约定俗成的惯例，仍可继续使用，并无碍学术研究的深入讨论。

仰韶文化在甘肃的分布呈逐步扩展的态势。仰韶早期在甘肃东部和南部，包括庆阳、平凉、天水、定西和陇西的东半部普遍被发现，而在中部河湟流域至今无迹可寻。仰韶中期已拓展到洮河流域及青海东部。仰韶中期在甘肃仅为点状分布，公布的材料只有马家窑遗址的零星发现，整体文化面貌无从知晓。在距今5000年前后时，马家窑文化异军突起，迅速占领了整个河湟流域，与甘肃东部的仰韶文化晚期并驾齐驱，共同创造了甘肃古文化的繁荣。由于马家窑文化形成了强大的势力集团，仰韶文化西进的步伐被迫中止，其分布范围仍然集中于甘肃东部地区。

仰韶文化早期

1. 文化概况

目前的研究成果表明，仰韶文化早期大体延续了约1000年，距今7000~6000年。这一时期又可分为两个阶段，前段以宁县董庄遗址为代表，后段以大地湾二期为代表。后段遗存有碳测年代数据，经校正距今6500~6000年，前段数据暂缺，估计年代当在6800~6500年。

早期前段目前只发现于泾河支流马莲河流域的合水、宁县、正宁等地，遗址主要分布在河谷地带的阶地上，在陇东的黄土塬面及沟壑地带至今未曾发现早期遗址。

早期后段在甘肃东部和南部普遍有所发现，最南端已到白龙江流域，最西端可达陇西一带，以上区域内多数县博物馆都收藏有这一时期的彩陶。经过大规模考古发掘的遗址有大地湾和师赵村两处。大地湾二期发掘面积9500平方米，较完整地揭示了当时的村落布局，这是甘肃境内仰韶文化早期考古中揭露面积最大、收获最丰的田野考古工作。小规模的发掘有秦安王家阴洼、天水西山坪、礼县高寺头、武都大李家坪等，其中王家阴洼发掘625平方米，是甘肃早期墓葬资料最丰富的一处。

2. 文化特征

远古时代的彩陶发展水平是由当时的社会生产力、生产关系决定的，它不是孤立存在的个体，与所属文化的方方面面存在着有机的联系。所以，我们研究彩陶的发展进程，必须了解整个社会文化背景及其所属的社会发展阶段。

仰韶早期的主要文化特征简述如下：

（1）遗址多选择在较宽阔的河谷地带，一般位于河边第一至第二台地。这里海拔低，土壤肥沃，适宜早期农业的发展。且距离水源较近，生活方便。大地湾遗址发掘出的一座较完整的村落，为我们展示了一幅史前先民和谐的生活场景。村落由壕沟围成椭圆形，中心部位是广场和一座大型房址，作为集会、祭祀的公共活动中心。中小型房址以广场为中心呈扇形多层分布，门向均朝向广场，是一座典型的向心式格局环壕式聚落。

大地湾阶地实景和聚落宫殿式建筑遗址照片

（2）房屋为半地穴建筑，除个别为圆形外，大多为长方形或方形。室内中部偏前处均设有灶坑，用于烧煮食物和取暖，居住面一般用草泥抹成。有的房址近墙角处设有高出居住面的土床，作为睡卧之处。灶坑周围的居住面上常置放饰彩的作为盛储之用的陶器。

（3）陶窑较原始，火塘、窑室大多未完全分离，因而烧窑温度不会很高。

（4）有集中的公共墓地。葬式以单人仰身直肢葬为主，有少量的二次葬、双人合葬，盛行儿童瓮棺葬。大地湾发现有的葬具是彩陶钵或彩陶盆，扣置于瓮棺之上。在秦安、张家川的清水河流域的早期墓葬，多在左侧设一方形或圆形小坑放置随葬品。随葬品中经常出土完整彩陶。

（5）陶器以细泥、夹砂红陶为主，器形以圜底、平底为多，少量尖底。典型器物有圜底钵、叠唇或卷唇盆、杯形口尖底瓶、葫芦形口尖底瓶、葫芦瓶、细颈壶、侈口鼓腹罐、弦纹浅腹罐、敛口瓮、尖底缸等，纹饰以绳纹居多，还有线纹、弦纹等。制陶沿用大地湾一期的模具敷泥法，同时大量使用泥条盘筑法，慢轮已开始使用。

（6）陶制生产工具以陶锉、纺轮、陶刀居多，装饰品以陶环为主。技术较粗糙，纺轮、陶刀多为陶片改制，有的由彩

陶锉、纺纶照片

陶片改制而成。

（7）石器种类复杂，磨制居多，出现成套的农业加工工具，如碾磨石、碾磨棒、盘，同时还有专门用来研磨彩陶颜料的研磨石、研磨盘。

（8）骨器种类丰富、形态多样，且数量众多，体现出狩猎经济仍占较大比重。还有一定数量的角器和蚌器。

3. 彩陶纹饰和特点

仰韶早期彩陶告别了幼稚的童年期，开始逐步走向成熟。先民的艺术创造力较大地湾文化有了长足的进步，不仅构思出了种类繁多的图案，而且在数量和质量上均有较大幅度的提高。

饰有彩纹的陶器均为细泥红陶，纹饰绝大多数是黑色，红陶黑彩给人以夺目、沉着的视觉感受。另有极少部分的红彩，显露出前仰韶文化的遗风。西山坪二期的少量钵形器口沿外仍为红色彩带，大地湾二期个别器物内壁和底部也出现红彩圆圈纹。大地湾遗址出土的块状或粉末状颜料，经鉴定分别为赤铁矿、磁铁矿，或两者的混合物。这种以铁矿石为主的颜料必须打碎、研磨后才能使用。我们在大地湾的考古发掘中见到很多石斧上沾有红色矿物颜料，应是敲击过铁矿石而形成的。大地湾二期出土了数十件研磨石、研磨盘，器物表面均有较多的红色颜料，其中研磨石制作规整，或呈圆锥体，或呈圆柱体，一端为柄，一端为经常使用而研磨成的光面。看来，在当时制作彩陶已有成套的专用工具，数量之多足以证明

大地湾研磨石照片

这是当时人们的一项十分重要的工作。

彩绘主要用于盆、钵、碗、盂、瓶、壶等器物,有的器盖、器座、尖底缸、罐形器上亦偶见彩纹,盆形器施彩最多,其次为钵形器。绘彩部位主要集中在外壁中上腹部以及盆钵的口沿部,瓶、壶大多使用在口部和腹部。饮食器如盆、钵等器物,口大体矮,纹饰多为单层横向排列;而口小体高的瓶、罐、缸等类器,纹饰则与器型相适应,为多层纵向排列。总之,仰韶先民在彩陶艺术上充分发挥着他们的聪明才智。

纹饰以几何形花纹为大宗,其次为动物形花纹。绘制构图元素有圆点、直线和少量的弧线。线条简洁明快,图案规整有序,是早期彩陶的艺术风格。不过,历经数百年的发展,艺术风格也在悄然发生着变化。到了偏晚阶段,弧形线条使用增多,图案渐显活泼,一些略显呆板的图案日益减少。几何形纹饰中使用频率最高的是三角纹和圆点纹,动物形纹饰中以极具特点的鱼纹最为常见。

让我们一起走进仰韶早期的彩陶艺术世界,共同领略和欣赏这一时期的主要纹饰及艺术风采。

宽带纹刻画符号陶钵

宽带纹,这是最简单、最原始的一类纹饰,也是仰韶早期典型的独有纹饰。通常是在钵形器的口沿外壁绘一周宽2~3厘米的黑色条带,在某些体形较长的陶器,如葫芦瓶、细颈壶的口沿外也有使用,好像是戴了一条或宽或窄的黑色头巾。我们惊喜地发现，在钵形器的黑宽带上，往往还刻有简单的又令人费解的符号，如"I""E""↓""丁"等。这些符号一目了然，一件器物上只使用一个，看起来与我们的汉字和今天仍然使用的某些指示符号非常相像。大地湾遗址发现的这类符号有16种之多，整个渭河流域的仰韶早期已发现各类符号50多种。许多学者都认为，这是研究中国文字起源的重要资料。

鱼纹是这一时期的标志性纹饰。在距今7000~6000年间，鱼形纹饰经久不衰地展示着它们无穷的魅力，几乎每一个仰韶早期遗址中都有鱼纹彩陶器或陶片出土。最初的鱼纹写实性均很强，一眼就可以辨识，后来则从头部开始简化，越来越抽象，变得不易分辨。这不仅反映了人们对自然万物的热爱，而且体现出了这一时期彩陶艺术的最高境界。

鱼纹变体彩陶盆

为什么鱼纹只画在盆形器上，而不绘于钵、盂类器上？我们推测，在各类盛储器中，盆形器口径多在30~50厘米之间，容积最大，捕获的鱼类在盆中存放最为适宜。正是由于受鲜活的鱼儿在盆中生动之体态的启迪，先民们萌发了艺术创作的激情，为我们留下了一大批古朴的原始艺术之作。

1986年，我们在礼县高寺头遗址发掘出土了一件残器盖，大小与盆相近，应当为盆盖，其上绘着数条游动的鱼儿，恰是盆中鱼的写照。

直边三角纹彩陶钵

几何形纹饰中，最常见的母题是直边三角纹。三角纹的三条边线既平且直，又分为等腰三角和直角三角。这类纹饰极富变化，一般由两个或四个三角组成图案，再配以圆点、直线，构成一幅幅红黑相间、虚实相衬、构思巧妙的图案。总之，看似呆板的直边三角纹，在先民们的手下通过精心的排列、巧妙的组合神奇般地变幻为各种各样的美丽图案。

弧边三角纹是另一类较常见的母题纹饰。它们显然是从直边三角纹发展演变而来，不仅常饰于钵、盆腹部，而且盛行于盆的口沿部。在仰韶早期的偏晚阶段，这类纹饰逐渐取代了直边三角纹。弧边一般均向内弧，有的仅有一边为内弧，有的是双边内弧，有的如人头形器口彩陶瓶则出现了三边均内弧的三角纹。弧边三角较直边三角有更多展示艺术才能的空间，同时曲线美也增添了彩陶艺术的无穷魅力。

弧边三角纹彩陶钵

圆点纹彩陶钵

圆点纹既是纹饰的基本元素,又可作为一种母题花纹,使用起来非常灵活,大多在组合图案中起到不可或缺的填充和定点作用,因此被广泛使用于各类组合图案中。

直线纹虽使用较频繁,但一般不单独使用,大多数情况下是作为其他纹饰,如三角形纹的附属纹饰而出现的,有横行、竖行、斜行几类,少者一条直线,多者四条直线。实际上,直线纹既起着附属的装饰作用,又在组合图案中担当着分隔作用,使各部分图案均匀地占用空间。在本期偏晚阶段出现的复杂组合图案中,以数条斜行略有弧度的近直线纹,与重弧、弧边三角共同组成了风格别致的彩陶图案,代表了仰韶早期的最高艺术水平。

重弧纹和凸弧纹较为常见。重弧纹即上部平齐,下部为一近月牙形的重弧;凸弧纹正好相反,下部平齐,上部凸出。大多饰于圆圈空白处,其上下加饰一条或两条直线。

侧弧纹亦常见。一侧平齐,另一侧呈半月形,常以双相对,向外凸出。

常作为填充图案,出现在由空白形成的圆圈内。

还有些纹饰虽不多见,但极具特色。如菱形纹,用粗细相间的线条绘成菱形,再内填圆点,显示出先民对各类几何图形的认识和运用自如的能力。又如豆荚纹,弧边三角纹斜向相接,形成豆荚形空白,荚中饰一对角斜线,线中段加饰一圆点,宛如一片豆荚,既构图美观,还在绘彩时起到均匀分隔的作用。

精品赏析

(1) 大地湾刻有符号的宽带纹钵

这是大地湾遗址的发掘人员在当地征集来的。微敛口,圆腹,圜底。口沿外一周饰黑彩宽带纹,宽带上刻有十字形符号。口径21.4厘米、高8.6厘米。带刻符的完整陶器极少,此件虽系征集,但有确切出土地点,属珍贵文物。

(2) 变体鱼纹卷沿盆

出土于大地湾遗址房屋内,基本完整。侈口卷沿,浅腹圜底,黑彩。口沿外一周饰条带纹,上腹一周饰两条完全图案化的变体鱼纹。饱满浑圆的红色盆体、简练流畅的线条、浓重的鱼纹以及图案与造型完

张家川垂弧纹葫芦瓶

大地湾刻有符号的宽带纹圜底钵

美的结合,无不显示出仰韶早期彩陶所达到的令人叹为观止的艺术成就。整个器形物口径51.2厘米、高14.8厘米。

(3)鱼纹瓶形器

出土于秦安王家阴洼遗址,顶部缺失,仅存腹和底部。圆鼓腹,最大腹径偏下,平底,推测原器为葫芦瓶。黑彩,腹部饰数条活泼跃动的鱼纹,姿态生动,构图巧妙,实为一幅罕见的游鱼戏水图。器形物残高20厘米、底径11.5厘米。

(4)三角纹钵

出土于秦安王家阴洼遗址。口微敛,圆唇,圆腹圜底,黑彩,口沿一圈彩边,腹部以直边三角纹加直线构成,构图元素虽简单却富于变化,运用虚实对比的手法将图案设计得美观大方、简洁明了,当为彩陶精品。器形物口径20厘米,高9.5厘米。

(5)几何纹细颈瓶

出土于秦安王家阴洼遗址。小口大头,细颈折腹,下腹略内收,平底,褐色彩,顶部饰4组对三角纹,腹部以圆圈内加饰圆点为主要纹饰,有学者称之为猪面纹。其造型优美,绘彩部位选择在显眼位置,一目了然,达到了造型与纹饰的完美结合。器物高20厘米、底径6.8厘米。

王家阴洼鱼纹瓶

猪面纹细颈彩陶壶

（6）球形器

彩陶球形器

此件为西和县文化馆自宁家庄征集而来。该器呈球形体，略扁，上下各有一孔相通，有学者据此认为是氏族首领的权杖头。通体施黑彩，孔径较大的一面图案似盛开的鲜花，十字形直线将图案分隔为4部分，空白处形成四个大花瓣。孔径略小的一面纹饰较简单，由半明半暗的橄榄形纹和弧线组成。图案富丽堂皇，极为精致。器物大口1.9厘米、小口1.3厘米、最大腹径12.6厘米、高7.6厘米。

（7）花瓣纹曲腹盆

花瓣纹曲腹盆

大地湾考古发掘人员自当地征集而来。器物完好无缺，侈口宽沿，中腹略鼓，下腹稍曲，平底。黑彩，沿边一周为黑彩边，口沿饰弧三角纹。图案规整有序，风格别致。器物口径39.3厘米、底径13.2厘米、高15.9厘米。

（8）人头形器口彩陶瓶

这是大地湾仰韶彩陶的代表作，也是我国史前艺术中集彩陶、雕塑、

造型艺术于一身的杰出作品之一。器物通高31.8厘米、口径4.5厘米、底径6.8厘米，圆鼓腹、平底。两侧器耳缺失，上腹开裂。器口为圆雕头像，短发齐额、五官端正、挺鼻小嘴、面庞秀丽。瓶体从上到下饰三层大体相同的黑彩图案，其主题花纹分为两部分：一、两个弧边三角纹构成一空白圆圈，内中填充弧线和垂弧；二、构图较复杂，由斜直线、侧弧及凹边三角纹组成。从头部形象分析，多数人认为是女性形象，有人还认为是风华正茂的少女，也有人从整体造型着眼，推测应是一位衣着华丽的孕妇，当是先民们借以寄托繁衍人口的良好意愿，有人更倾向于这是一位女神的观点。无论如何，它在史前时期无疑是一件特殊的彩陶，不仅仅是为了装点生活而制作，其中必定蕴含着诸多精神层面的意义，值得深入探讨。

  这件精品的征集过程还有一段鲜为人知的曲折故事：20世纪70年代初，秦安五营邵店村二队农民张德禄同社员们一起搞农田基建，一镢头下去掘出个"物件"，他仔细擦掉上面的泥土，显露出了本来面目——既有泥捏的人头，还有好看的花纹，他实在不忍丢弃，于是拿回家去当了摆设。10多天后，家里的两个猪娃突然死了，他的母亲一直埋怨他拿回的这"物件"给家里带来了晦气和灾难。无奈他只好找来阴阳先生，经阴阳先生掐算之后，说放在家里并无大碍，猪是得瘟病死的，因此这"物件"才幸免于难。由此他就更加珍爱，又找来水泥将上腹部的裂缝粘牢，继续把它摆放在家里的柜子上。直到1978年大地湾发掘开始，这位农民把这个珍藏多年的"宝贝"交给了省城来的考古人员，自此，这件后来名扬四海的稀世珍宝才走出大山得以面世。张德禄给考古工作者指认的出土地点正是位于仰韶早期聚落的中心区，即第四发掘区的北部。根据纹饰特征判断，当为仰韶早期器物。

仰韶文化中期

1. 文化概况

仰韶文化中期是迅速发展的扩张时期，也是对我国史前文化产生重大影响的时期。短短几百年间，其典型文化因素，即勾叶圆点弧线三角纹及双唇口尖底瓶迅速传遍中国北方的广大地区，甚至影响到长江流域。甘肃的仰韶中期遗存主要集中在天水、平凉、庆阳以及陇南的东半部，洮河流域有少量发现，如临洮马家窑遗址以及临潭王旗镇陈旗等地，但东部地区分布密度远大于中部地区。与早期相比，分布范围明显扩大，呈西进态势。无论从分布地区、密度来看，还是单个遗址的规模而言，仰韶中期都更广、更密、更大，是个大发展时期。经过正式发掘的遗址有大地湾、师赵村、西山坪，小规模试掘的遗址有天水罗家沟、临洮马家窑以及合水曹家沟、正宁吴家坡等，但公布的资料有限。大地湾遗址三期遗存发掘面积约1万平方米，但破坏严重，遗迹、遗物不如二期丰富。

2. 文化特征

仰韶中期的发掘相对早、晚期显得单薄一些，但仍可初步确立甘肃仰韶中期的界定标准，提供了一定的研究空间。它的主要文化特征归纳如下：

（1）遗址大多位于山谷中的河边台地。已经发掘的三个重要遗址都是在早期遗存的原址之上扩展而成，调查发现的中期遗址往往含有早期遗存，显示出早、中期一脉相承的亲缘关系。聚落布局因资料所限不很清晰，但大地湾遗址表明，聚落内已存在多个处于相等地位的中心，社会组织呈现出多级分化的趋势。

（2）房屋仍为半地穴式建筑，大地湾遗址中的房屋均为方形或长方形，师赵村发现一座圆形房屋遗址。大多在穴壁立柱，这说明穴坑之上已增设立面墙体，室内空间增大，采光也好，比早期房址有了进步。少数房址采用"料姜石"作未加工的居住面,以此提高防潮性能。灶坑以圆形桶状为主,出现双联灶,即前后两个灶坑相通,表示人口及炊事活动的增加。房址可分为大、中、小型:大型房址面积近70平方米,出土众多陶、石、骨器,并有精美彩陶,表明房址主人应是氏族首领。中型房址面积在25~50平方米之间,可能是大家族长和未成年子女的居室。小型房址面积大多在15~20平方米之间,当属一般社会成员的居室。

(3)陶窑均为横穴窑,大地湾、师赵村均有发现。一般分为火塘和窑室两部分,火塘是添柴生火之处,呈圆形或长方形,有火道通入窑室。窑室均呈圆形,周边设环形火道,受热较匀。火塘一般低于窑室,由下往上火势自然加强,烧陶技术比早期有显著提高。

(4)这一时期墓葬资料少,按常理推测应有集中的公共墓地,但至今未见踪迹。不仅甘肃未见,其他省区也未发现。这一奇特现象或许表明了中期的先民们选择了尚不可知的埋葬习俗。我省仅在大地湾发现3座零星墓葬,均为成人单身葬,其中1座侧身屈肢,另2座仰身直肢。都有随葬品,分别为陶瓮和骨笄(Jī)。

(5)陶器以细泥红陶、夹砂红陶为主,还有少量的橙黄陶、灰陶以及褐陶。饮食器多为细泥红陶,其中不少是彩陶,罐、缸、瓮等炊器和盛储器则以夹砂红陶为主。器形以平底为主,少量为尖底,偶见圜底。这是陶器形制的重大改变,平底陶器终于基本取代了圜底器,在史前文化上首次成为主流器形。常见器物有敛口平底钵、曲腹彩陶盆、双鋬盆、多孔盆形或钵形甑、双唇口尖底瓶、弦纹或绳纹短颈罐、大口小底缸、曲腹瓮等,器类较前复杂,大型器物增多。纹饰仍以绳纹为主,其次为弦纹和线纹,还有少量的剔刺纹、附加堆纹等。制陶以泥条盘筑法为主。

(6)陶制生产工具以纺轮、陶刀为主,并有少量的陶锉,形制较前复杂。细泥捏塑的纺轮增多,陶刀形制更为规整,数量增多。陶制装饰品仍是常见的陶环,但陶质细腻,小巧玲珑,还出现酷似羊角的陶制装饰品。

(7)石器的形态和技术比早期有所进步,加工较为精细,如常见的石斧更为厚重,石铲刃部更为锋利,石刀钻孔由近背部向中部转移。

(8)骨器种类、数量与早期相比有较明显减少,表明狩猎在经济生活中地位下降,出现了不少精品骨镞、骨笄(Jī)。

从文化特征上可以看出,甘肃仰韶中期是在早期的基础上孕育发展而来的,其陶器继承了早期的许多文化因素,但又有明显的变革,其经济形态与早期大体相同,但狩猎比重下降。甘肃与陕西等邻省同期文化面貌相比,差异不大,但有分化的趋势,地方区域性特点随着时间的推移愈加凸显。

3. 彩陶纹饰和特点

仰韶文化经过1000多年的发展,中期以后就进入了繁荣阶段,其彩陶艺术随即达到巅峰阶段。首先,饰彩陶器增多,彩陶比例增大;第二,图案繁复华丽,构思精巧,线条流畅,富于变化,充分展示了仰韶先民挥洒自如的艺术才华;第三,一些重要的彩陶元素,如网格纹、弧三角纹等长盛不衰流传于后,尤其是被马家窑文化继承并发扬,跃上了新的高峰。

饰彩陶器多为红陶,也有少量的橙黄陶,质地细密、器表光洁。黑彩占绝大多数,但出现了个别的红彩和白彩,有些彩陶施有白色或红色陶衣,更显艳丽。这些陶衣均系入窑烧制前绘制,与陶胎紧密结合融为一体,没有脱落现象。

彩纹多饰于陶器外表,仅见个别内彩。彩陶主要集中使用在盆、钵、盂、碗等饮食器类上,个别的瓶、罐也有饰彩,其中以盆形器最多。与早期相比,陶器饰彩面积增大,扩大到了中下腹部;彩陶器型个体也变得较大,彩陶制作工艺进一步走向成熟。纹饰绝大多数是连续图案,但同一件器物上纹饰分组雷同现象大为减少,多层全面展开图案的表现手法广泛应用。

纹饰主要为几何形花纹,其中有相当数量的植物形纹饰。如花(叶)

瓣纹等。写实性动物纹极其少见，仅见有少量的完全图案化的鱼纹。中期彩陶线条以弧线为主，与圆点纹搭配，一改早期彩陶较为呆板的风格，图案顿时变得生机勃勃、千姿百态，给人以强烈的美感。

让我们先了解一下仰韶中期主要的及具有特色的纹饰：

弧形三角纹，是本期使用最为广泛的基本纹饰。一般不单独使用，总是与其他纹饰组合在一起构成图案。早期虽也有弧边三角纹，但使用较少、变化不多，中期双弧或三弧边大量出现，且变化多端，构图柔美多姿。

回旋勾连纹，或称勾叶圆点弧三角纹，是本期的典型纹饰，在盆形器腹部上普遍使用。苏秉琦先生解释说这种图案表现的是花卉，圆点为花蕾，弯曲的勾叶是花瓣。经请教美术工作者与植物工作者，该纹饰应是玫瑰花和菊花。二者原产地都是中国，玫瑰（或月季）花冠呈覆瓦状，菊花为合瓣花冠，回旋勾连纹正是这两类花冠的俯视效果。

垂弧纹，常见纹饰。主要使用于盆形器腹部或口沿，垂弧上加饰一直线或弧线，有时上下再加圆点，填充在空白圆圈内。这种组合图案发端于早期，成熟于中期，并成为该期的代表性纹饰之一。

圆点纹，常见纹饰。单独使用的情况较少，钵形器口沿外偶见单个或数个圆点。多数情况下与其他纹饰构成组合图案，或是频繁使用在各类图案中的空白处，起到画龙点睛的作用。

圆点弧形纹，虽数量不多，但富有特色。在陶盆的腹部，由一排圆点向上下或左右引出多组平行的弧形纹饰，似一排展翅飞翔的鸟类，或可称之为飞鸟纹。有时由圆点引出的侧弧纹，填充在回旋勾连纹中，使图案显出律动的美感。

豆荚纹，源于早期，随着使用的增多，逐渐成为中期的代表性纹饰之一。常见于陶钵腹部，由两个斜向相对的单弧边三角纹构成豆荚形的空白，加饰一条对角斜线，中间点缀一圆点形的豆粒，形状酷似豆荚。

花瓣纹，使用在器型较大的陶盆腹部，是富有中期特点的纹饰。形似绽开的花朵，一类是由彩绘实体纹组成，花瓣如半月形或橄榄形，由中心向周围展开。另一类是由多个弧边三角纹相接而形成空白的组成。

网格纹，是中期新出现的纹饰，对彩陶文化影响巨大，流传甚广，成为马家窑文化的常见纹饰，笔法细腻、线条匀称，显露出了史前画工的高超技艺。

圆圈纹，较常见，多绘于盆腹部，可分为两类：一类以黑彩绘成圆，圆内加饰圆点。另一类由弧边三角纹对顶相连，两组对顶三角纹形成圆形空白，内中再填充其他图案。

条带纹，较多使用在盆的口沿上，宽约1厘米。

还有少量的凸弧纹、侧弧纹、直线纹、平行线纹和直边三角纹，与上述纹饰共同组合，构成了色彩斑斓的中期彩陶画卷。

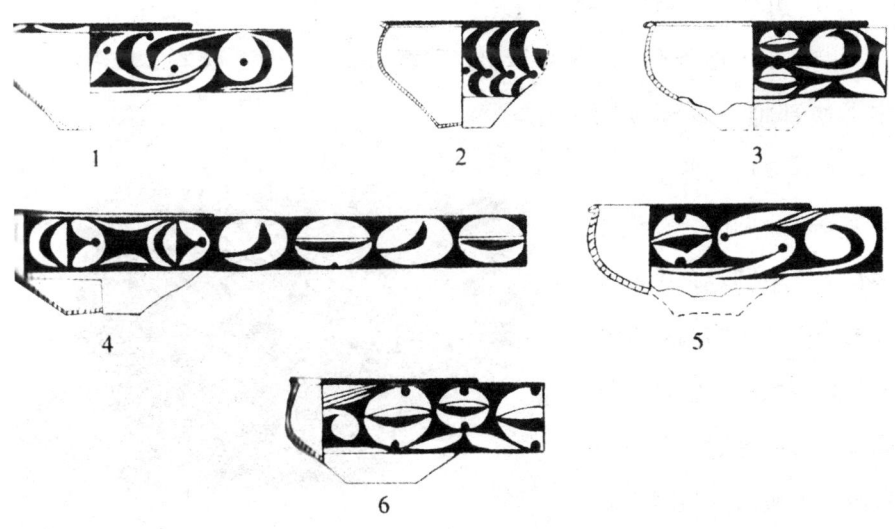

大地湾彩陶盆综合纹饰线图

精品赏析

（1）彩陶盆

彩陶盆

正宁宫家川遗址征集。上腹部施浅红色陶衣，完整敞口宽沿，曲腹平底。黑彩，口沿一周饰三角纹，腹部饰典型的回旋勾连纹，由弧三角、圆点、弧线以及侧弧组成。该器物造型优美，纹饰酣畅洒脱，布局构思精巧，图案颇具魅力，堪称中期彩陶上乘之作。器物口径41.6厘米、高17.7厘米、底径14.1厘米。

（2）几何纹侈口彩陶盆

出土于大地湾遗址。侈口窄沿，腹微鼓，小平底，黑彩。口沿涂黑，中上腹部饰一周连续图案，主体纹饰为两个大圆圈夹一个小圆圈，填充图案均为上下圆点，中部弧线加一垂弧，圆圈纹左右配以勾羽状纹。既像一排半张半合的嘴唇，又似一排眨动的眼睛，将观赏者带进神秘抽象的意境。器

几何纹侈口彩陶盆

物口径 28.2 厘米、高 15 厘米、底径 10.2 厘米。

（3）网格纹曲腹盆

出土于大地湾遗址。侈口方唇，上腹圆鼓，下腹内收，平底。口沿为黑彩边，中上腹部一周饰两组相同图案，每组又由两个布满网格的椭圆形交织在一起，极似两个交会的渔网。纹饰线条粗细有别，网格尤为细致匀称，如果没有深厚的功力以及对画笔的熟练驾御，绝不会产生如此佳作。器物口径 29.6 厘米、高 25.6 厘米、底径 13 厘米。

网格纹曲腹盆

仰韶文化晚期

1. 文化概况

近些年来，大地湾等一大批遗址的发掘使得甘肃地区仰韶文化晚期的研究取得了阶段性的成就。但与此同时，新旧观点的冲突、新认识之间的争论使得文物界出现了百家争鸣的局面。这种状况下，不仅社会公众满腹疑团，就连许多文博工作者都心存疑问：仰韶晚期到底是指什么遗存？石岭下类型是怎么回事？仰韶晚期包括马家窑文化吗？

本书所说的仰韶晚期文化，是指以大地湾四期为代表的古文化遗存，这类遗存普遍存在于甘肃东部，在文物普查时发现了大量该类型的遗址。根据大地湾遗址的碳测数据，其具体年代距今 5500~4900 年，是甘肃史前文化中最为辉煌的历史阶段。这一时期，狩猎捕鱼的比例在经济生活中骤然下降，遗址中动物骨骼及骨器数量明显减少。大地湾遗址中仰韶早、晚期发掘面积相差不多,早期每平方米出土的兽骨仅0.25件,到了四期就下降了接近一半,仅有0.13件;早期骨器高达818件,晚期骨器仅有233件,是早期骨器数量的27%。但是农业却获得了空前的突飞猛进的发展,不仅种植粟和黍,而且在庆阳南佐还发现了稻米,由此进入了真正意义上的农业社会,使得人口剧增,聚落有了成倍的扩大。

甘肃各地发现的晚期遗址数量大大超过了早、中期的总和,陇东高原的晚期遗址已扩展到了塬面之上,渭河及西汉水流域主要河流的谷地每隔几公里就有一个晚期遗址,遗址密度之大胜过了史前时期任何一支考古学文化。大地湾仰韶中期聚落的规模4万多平方米,而晚期则发展到了50万平方米,几百年内扩展了10倍多,成为清水河流域的主要遗址。其实,面积数十万平方米的大遗址,在甘肃东部三大河流的主要支流都有发现,如庆阳南佐、秦安寺嘴坪、礼县高寺头、西和宁家庄均为当地的主要遗址。

马家窑文化与仰韶文化的关系问题,从被命名之日起学术界就一直在探讨、争论。过去很长时间都将马家窑文化称作"甘肃仰韶文化"。后来随着资料的增多,大家认识到两者的时代不同,面貌也存在着显著的差异。20世纪60年代以后,"甘肃仰韶文化"的名称被弃而不用。20世纪80年代以后,大地湾仰韶晚期资料开始陆续公布,比较全面地展示了甘肃东部泾渭流域的文化特征。同时考古发掘成果表明,甘肃的仰韶晚期遗存与关中一带的半坡晚期大同小异,与甘肃中部的马家窑文化却大相径庭。无论从中心分布区域、遗迹遗物特征,还是经济成分构成等多方面去考察,两者的差异都很明显。因此将马家窑文化归入仰韶系列是不适当的。在实际工作中,泾渭以及西汉水流域经常会遇到某些类似马家窑文化的彩陶,线条较粗、图案较疏朗,其实这是仰韶晚期的遗物。这是因为马家窑文化与仰韶晚期偏晚阶段时代大体相同,地域接近,两者必然产生文化的交流与相互影响,表现在少数陶器上就会产生相似,甚至雷同现象。

近20年来，经过发掘的仰韶晚期遗址较多，有庆阳南佐、平凉侯家台、秦安大地湾、礼县高寺头、武都大李家坪等，另外天水师赵村四、五期、西山坪四、五期与武山傅家门同类遗存均属仰韶文化的范畴。小规模试掘的有甘谷灰地儿、宁县阳呱、合水曹家沟等。仰韶晚期的发掘远多于早、中期，使我们对仰韶文化的认识也相应地更为全面。以上所说的发掘中，以大地湾资料最为丰富，揭露面积1.4万多平方米，发现房址56座、灶址11座、墓葬15座、窑址16座、灰坑159个，出土陶、石、骨器近3000件。

2. 文化特征

由于发掘资料比较丰富，仰韶晚期可以进一步划分为几个小的阶段。大地湾四期遗存划分为三段，师赵村、西山坪则划分为前后两个阶段。总体来看，较早阶段使用平唇口尖底瓶，彩陶纹饰与石岭下类型相同；较晚阶段出现了喇叭口尖底瓶，彩陶纹饰增添了类似马家窑文化的因素，但整体面貌却与马家窑不同。其基本特征如下：

（1）聚落的规模空前扩大，有限的河边台地已经无法容纳成倍增长的人口，遗址开始向山地扩展，出现了雄踞一方的中心遗址。以大地湾遗址为例，聚落主体坐落在宽阔平缓的山坡上，两侧以沟壑为天然屏障，山坡中部兴建大型原始宫殿式建筑，作为部落集会、祭祀的公共活动场所，在50万平方米的范围内，以大型建筑为中心，周边分布着密集的氏族居住区，形成众星捧月的格局。此时，社会已发展到了父系氏族社会。武山傅家门发现6件带有阴刻符号的卜骨。

（2）房屋建筑成就尤为显赫。大地湾、南佐、高寺头均发现了数百平方米的宏大建筑，其中大地湾遗址中编号为F901的殿堂式建筑占地420平方米，以轻骨料、砂石、"料姜石"粉混凝而成的类似现代水泥的地面被称为建筑史上的奇迹。其中轴对称、单数开间、青石为基、整体木结构的建筑特点开创了后世宫殿建筑的先河，代表了我国仰韶文化建筑的最高成就。一般性的建筑大多摆脱了半地穴的陈旧样式，以宽敞明亮的平地起建居址，平面呈"凸"字形或"吕"字形，增设了门蓬，灶址也由坑式渐变为高于地面的台式灶，居住面改为以"料姜石"、白灰面为主，防潮性能明显强于草泥土，并出现了多间复合式建筑。

（3）灰坑形制复杂多样，其中瓶口弧壁平底灰坑显著增多，坑壁规整，有的表层抹有草泥土，内中经常出土成组陶器。有的保存有成层的炭化粮食，其作物品种以粟为主，显而易见，这类灰坑是先民储藏食物的窖穴。

（4）大地湾、师赵村、西山坪均发现有形制较为统一的横穴陶窑，分为长方形坑式火塘和圆形窑室两部分，窑室面积有增大的趋势，新增叶脉式火道以及窑床的箅（bì）孔设置更为进步，火力更加均匀，烧陶技术较中期提高。

（5）未发现公共墓地。大地湾发现十五座零散分布的墓葬，多为竖穴长方形土坑墓，单人仰身直肢葬，随葬品为少量骨器和陶器。其中一座幼儿骨骸装在打破的尖底瓶中。还出现了非正常死亡者，在方坑内发现呈捆绑状的仰身屈肢者等。师赵村发现偏早阶段墓葬5座，皆为二次葬，其中1座系两个年轻男性的合葬墓，仅有少量陶片、石器、兽骨随葬。

（6）陶器质地分为泥质、夹砂两大类，早、中期的细泥陶基本不见了。泥质陶陶色则以橙黄陶为主，有少量的红陶和灰陶，其中年代越早红陶越多，越晚灰陶比例增大。夹砂陶陶色有红褐、灰褐、黄褐等。少量陶器施有红色、白色陶衣。器形以平底器为主，仍使用尖底瓶，假圈足碗增多，新增四足鼎，偶见圜底器。陶器造型较中期多样，器类更为复杂。常见器物有敛口钵、假圈足碗、形制多样的盆形器、平沿或喇叭口尖底瓶、矮颈或高细颈壶、各类形制的罐形器、口沿厚重的大型缸、瓮、四足鼎、束腰器座、形似倒扣的碗形器盖等。纹饰仍以绳纹、线纹最为常见，夹砂陶器上多附加堆纹条带。陶器的附属物如錾、耳增多，较常见的还有圆形泥饼、泥条等泥饰附件。

（7）石器形式繁多，加工技术比中期进步。石斧断面由早、中期的椭圆形演变为圆角长方形，形制接近于后世的金属斧。石刀多两侧带缺口、钻孔接近刃部。制作精细的石器如石环、石坠、石笄大量涌现。

（8）骨器种类较前减少，但整体制作水平进一步提高，如精致的刻花骨板、骨切割器、梭形器、骨簇等。作为装饰品的骨笄（jī）占全部骨器的65%，骨镞（zú）这类狩猎工具却下降为85%，说明骨器在人类生活中的作用发生了变化。

（9）陶制生产工具和装饰品数量显著增多，种类丰富，但早中期常见的陶锉已弃而不用。陶纺轮形制多样，陶刀成倍增多，主要形制为两侧带缺口的长方形，有的用彩陶片改制而成。陶环和陶角品种数量居陶制品首位，是先民们十分喜爱的装饰品。

3. 彩陶纹饰和特点

甘肃东部地区的彩陶在经历了仰韶文化中期的繁荣之后，随之而来的是在仰韶晚期阶段逐步走向衰落，呈下降趋势。仰韶晚期彩陶数量虽不多，但由于它处于甘肃彩陶承上启下的阶段，图案却比中期繁杂，对马家窑文化彩陶产生了巨大的影响，某些常见的彩陶元素、母题纹饰如弧边三角纹、旋涡纹、网格纹同样流行于中部地区，成为马家窑文化的主体花纹。可以说仰韶晚期的彩陶吹响了甘肃彩陶精彩乐章的前奏曲，因此，这一阶段彩陶虽处仰韶彩陶的衰落阶段，但却历来被研究者倍加重视。

晚期彩陶分为两类。第一类是我们经常见到的不易脱落的，仍然称之为彩陶；第二类以前偶尔出现，本期则有一定数量，是陶器烧成后绘制的，就是我们前面讲到过的彩绘陶。

先讲讲第一类彩陶。

就陶质而言，这类彩陶见不到细泥陶，饰彩陶器均为泥质陶，但器表打磨很光滑。陶色多为橙黄陶，红陶仅见于偏早阶段，饰彩器类较中期增多，有钵、碗、盂、盆、盘、平底瓶、壶、罐、尊形器、器盖等，其中以盆、壶饰彩比例最高，钵、碗、盘、瓶、罐有少量饰彩，其他器类仅有个别彩陶，以上这些器类主要是饮食器和盛水器。饰彩部位主要为外彩，绘在器体外壁的中上腹部和口颈部。值得注意的是，出现了少量的内彩，图案也很简单。彩色有黑彩和红彩，黑彩占绝大多数。纹饰以圆点、圆圈、直线和弧线构成的各种几何纹母题为主，往往有几种母题共同构成连续的组合图案。另外还有独具魅力的鲵鱼纹，以及蛙、犬等动物图案，数量很少。

弧边三角纹或称凹边三角纹，这是本期最常见的花纹。基本元素是弧边内凹的三角纹，大多为三边均内弧，少量的为双边内凹。其常见构图方式是两个弧边三角纹以多种形式互相对接，有的上下顶点相接，有的左右相对接，有的斜向对接，形成橄榄形、椭圆形或圆形空白。除此之外，还有以2个以上的弧边三角纹对接，常见为3个或4个。在各种形状的空白之处，再填充不同线条，派生出多种生动活泼的图案，有的填充一条直线，有的填一道或多道斜弧线形成叶片纹，有的加一道锯齿纹，有的加一片爪形纹等等。上述纹饰广泛使用在各类陶器上，其中绝大多数使用在腹部，个别盆形器的宽口沿上也有此类纹饰。总之，弧边三角纹是本期使用最广泛的标志性纹饰。

圆点纹最为常见，但一般不会单独使用，大多用于其他图案之中发挥着其独特的装饰作用。在某些以圆点为中心，向周围连接展开的花瓣纹的图案中，圆点显得极为关键。在礼县高寺头出土的网格纹平底瓶中，众多圆点使图案变得十分活泼美观。在偏晚阶段，弧边三角纹中常留有圆形空白，内中再绘一圆点，使点、圆、三角巧妙地结合在一起。此种画法也见于师赵村五期尖底瓶之上。

圆点涡形纹比较常见。以圆点为中心，向四周引出弧线和弧边三角纹，形成富有动感的旋涡图案，饰于壶的颈部，或饰于瓶的下部。有学者认为应是鸟的头部变体，也称之为变体鸟纹。

网格纹也比较常见。以较粗的线条勾画出圆形、椭圆形、四边形、叶片形或不规则形的边框，再用较细的交叉直线或斜线绘成细密规整的网格纹。经常出现在瓶、壶、盆等器类的腹部，个别偏晚阶段的盆口沿也饰网格纹。犬、蛙、鲵鱼等动物纹的躯体均饰网格纹，该纹饰自仰韶中期开始出现，晚期和马家窑文化成为主体纹饰，由此可见，网格纹是甘肃彩陶的主要纹饰之一。

旋涡纹数量不多，但对其他文化影响很大。卷曲旋转起伏的弧线，首尾相交成涡心，连续展开呈旋涡纹，恰似奔腾不息的河水。

绳索纹不太多见。构图方式类似旋涡纹，但更像缠绕在一起的绳索。

花瓣纹少量出现。大多饰于盆腹部，形象逼真，有的以纹饰之间的空白形成4个花瓣，有的以实体花纹形成6个花瓣。

垂弧纹数量更少。以数条下垂的弧线组成，见于钵、碗的上腹部，有的绘在深腹盆口沿外侧，由垂弧纹和弧边三角纹相配，马家窑遗址也有类似纹饰。

S形纹偶有出现。大地湾遗址出土一件平底钵，内壁残存"S"形纹内彩，由3条S形纹相交而成。西山坪五期出土过一件完整陶盘，内彩亦为S形纹。有时也见于陶器的外壁。

平行线纹，较常见于壶、瓶的颈部，由数条平行横线组成。少量使用在壶的下腹部。

爪形纹不太多见。形状类似"爪"字，有时使用在弧边三角纹形成的空白处，有时使用在壶、瓶的腹部、颈部，一般作为附属纹饰施在主体图案的边缘部。

还有少量的同心圆纹、直线纹、弧形纹、条带纹、五角纹、"Y"形纹等。

| 彩陶甘肃——美冠世界的彩陶之乡 |

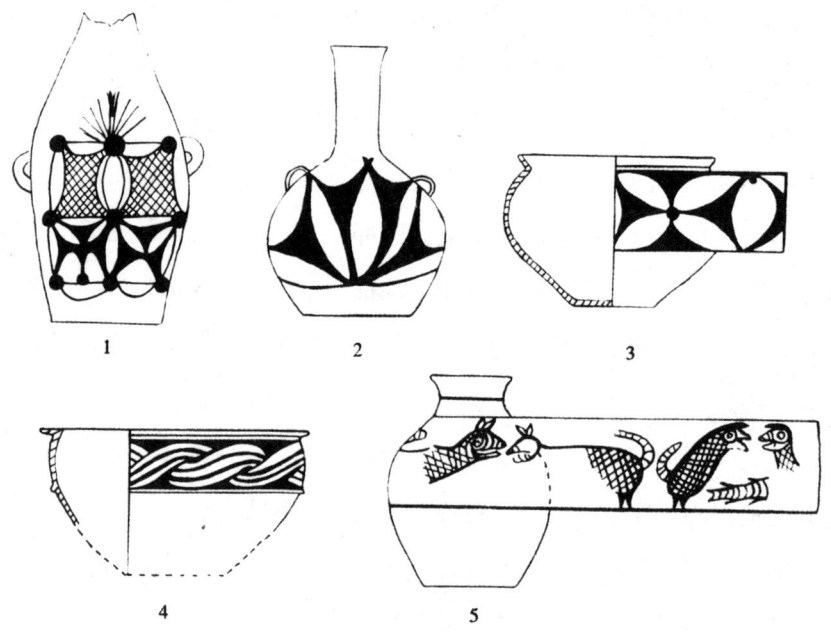

仰韶文化晚期彩陶纹饰线图

第二类彩陶为红、白两种彩绘，白彩要多于红彩。饰彩器类有尖底和平底瓶、盆、罐等，其中以尖底瓶上的白彩较多见。白彩大多装饰于尖底瓶的颈部以及肩腹部，少量装饰于肩腹部，个别盆的下腹部也饰有白彩。饰于颈部的均为平行线，饰于肩腹部的有直边三角纹、圆圈纹、旋涡纹、羽状纹等，饰于下腹部的为竖直线。个别器物通体绘彩，但已经斑驳不清。红彩出土时色彩鲜艳，但因脱落严重，难以辨清图案，大多饰于灰陶盆的腹部。据大地湾遗址的陶片统计，彩绘陶片不超过全部陶片的1%。

精品赏析

（1）锯齿网格纹壶

出土于大地湾遗址第5发掘区，基本完整，口部略有残缺，泥质橙黄

第三章 冠绝华夏——甘肃彩陶

陶，是冯家湾村一村民在建房取土时发现的，出土时口部倒扣一平底钵，后经村干部和大地湾文管所反复做工作后，交给国家。敞口束颈，鼓腹平底。黑彩，腹部一周饰3组连续图案。每组由1个橄榄形网格纹和弧边三角纹、锯齿纹组成。上方加饰左右分开的小草叶纹，线条柔美，繁简结合。器物口径13.5厘米、高25.5厘米、底径10.2厘米。

大地湾锯齿网格纹壶

变体鲵鱼纹彩陶瓶

（3）变体鲵鱼纹彩陶瓶

礼县石沟坪征集而来。完整，泥质红陶。侈口平沿，长细颈圆肩，近直腹，平底，中腹两侧饰双桥形耳。黑彩，图案从上到下分为3层，上层肩部饰弧边三角纹、角形纹；中层图案位于上腹，主要纹饰为两个半圆形网格纹；下层图案位于中腹偏下，由连续的圆点涡形纹组成，最下部饰以左右分开的弧线纹。图案左右两侧边以双线分隔，而上下两端均为爪形纹和网格纹，形状类似椭圆，加上爪形纹，有学者认为是变体鲵鱼纹。器物造型优美，图案美观，实属珍品。口径8.8厘米、高43.8厘米、底径8.8厘米。

（7）双耳鲵鱼纹彩陶瓶

甘谷西坪采集。泥质橙黄陶，完整。小口平沿，颈部加饰堆纹条带，圆肩，近直腹，平底，两侧有桥形耳。腹饰一鲵鱼纹，图案生动，双眼圆睁，大口露牙，长条曲折状身躯，两侧饰爪形纹。一种意见认为这是娃娃鱼的真实图案，但另有学者分析图案是人首蛇身，可能是伏羲氏的形象，还有人认为是龙的原始图形。从头部分析，的确具备人面的特征，但略显神秘或狰狞，其身躯带爪似鱼而不应画蛇添足。不论是何形象，此件器物让我们充分领略了彩陶的无穷魅力及幽远意境。《甘肃彩陶》一书将其视为仰韶中期。据其器型特点，应归为仰韶晚期。器物口径7厘米、高38.4厘米、底径12厘米。

双耳鲵鱼纹彩陶瓶

（8）鲵鱼纹彩陶瓶

武山傅家门征集。泥质橙黄陶，完整。侈口束颈，圆肩近直腹，平底，腹侧有一对桥形耳，黑彩。从肩至下腹部饰完整顿鱼纹，圆形头部，空白处表示双目和口部，躯体略弯，饰网格纹，身躯侧部及底部加饰6组爪形纹。器物口径55厘米、高18厘米、底径7厘米。

（9）内彩蛙纹彩陶钵

出土于天水师赵村遗址第244号探方第

鲵鱼纹彩陶瓶

3层，泥质红陶，基本完整，复原而成。直口，近圆腹，平底黑彩，口沿饰彩一周，内壁绘完整蛙纹。头部涂黑，留出两空白小圆加饰圆点表示眼睛。躯体呈圆形，一分为二，饰细密网格纹，四周增饰一圆，外绘四足，足尖三爪。形象逼真生动，伸展的四足恰如其分地表现出正在游动的姿态。在一个圆形

内彩蛙纹彩陶钵

器物内壁，描绘出了栩栩如生的动物形象，从图案设计到绘制纹饰，无不显露出超凡的智慧与功力。器物口径16.4厘米、高5厘米、底径6厘米。

第四节　彩陶之冠——马家窑文化

1. 考古发现和命名

黄河是中华文明的摇篮之一，甘肃是黄河文明的重要发祥地。甘肃新石器时代文化以丰富的彩陶为特征，从距今八千年的大地湾文化出现我国迄今最早的彩陶，经仰韶、马家窑、齐家、四坝、辛店、沙井等文化，延续了五千多年，形成了一部完整的彩陶发展史。特别是马家窑文化的彩陶，达到了彩陶艺术的巅峰，代表着中国彩陶艺术灿烂辉煌的成就。

马家窑文化是黄河上游新石器时代晚期文化。因最早发现于马家窑遗址而得名，距今5000~4000年。马家窑遗址位于甘肃省临洮县洮河西岸的马家窑村麻峪沟口，1923~1924年瑞典地质学家、考古学家安特生在甘肃、青海一带调查时，他的助手们在1924年发现了马家窑遗址并进行了发掘。1957年开始，甘肃省博物馆对遗址进行了多次调查，发现马家窑类型叠压在仰韶文化庙底沟类型之上的地层关系。马家窑文化和马家窑类型均因该遗址而得名。

马家窑遗址虽发现较早，但它被命名却是20世纪40年代的事。对马家窑文化的命名，考古界曾有许多不同的争议，到目前为止意见还没有完全统一。最早对马家窑遗址进行调查发掘的安特生，将临洮的马家窑遗存和广河的半山遗存合称为仰韶期或仰韶文化，为了与河南、陕西的仰韶文化相区别，也称之为甘肃仰韶文化。直到1944年夏鼐到甘肃进行考古工作，为了确定马家窑期与寺洼期墓葬的关系，发掘了临洮寺洼山遗址，他认识到甘肃的仰韶文化与河南的仰韶文化有颇多不同，认为应该将临洮的马家窑遗址作为代表，另定名称，称之为马家窑期或马家窑文化。1961年出版的《新中国的考古收获》一书开始使用马家窑文化这一名称，并将半山、马厂类型归入马家窑文化。马家窑文化包括马家窑、半山和马厂三个文化类型，从已经发现的有关地层叠压情况看，马家窑类型早于半山类型，半山类型早于马厂类型。从以往发现的资料就可以看出半山类型和马厂类型相承、相似之处很多，关系密切。马家窑类型和半山类型在过去由于资料太少，认为它们之间的差异很大，因此，有人曾主张将马家窑类型单独称为马家窑文化，与半山、马厂文化分开。之后康乐边家林、兰州关庙坪出土的陶器，补充了马家窑到半山类型发展的中间缺环，这些陶器无论是器形还是花纹都有马家窑类型的一些遗存特征，而且还反映出了半山类型的一些特色，过渡性的特点非常突出，从而表明半山类型是从马家窑类型演变而来。

20世纪50年代，开始大量的考古发掘。发掘的重要遗址有东乡林家，临洮马家窑，广河地巴坪，兰州青岗岔、花寨子、土谷台、白道沟坪，永昌鸳鸯池和青海乐都柳湾等20多处。1988年临洮马家窑遗址被国务院公布为第三批全国重点文物保护单位，2001年被评为"二十世纪中国百项考古大发现"之一。

2. 分布范围和特点

马家窑文化主要分布在甘肃中南部地区，以陇西黄土高原为中心，东起渭河上游，西到河西走廊和青海省东北部，北达宁夏回族自治区南部，南抵四川省北部。分布区内主要河流为黄河及其支流洮河、大夏河、湟水等。马家窑类型主要分布在甘肃中南部和青海东北部、宁夏南部地区的泾、渭水上游、白龙江、湟水、洮河、庄浪河和清水河流域。半山类型分布范围基本与马家窑类型相同,但已逐渐西移。马厂类型的分布则更为向西。

马家窑文化的村落遗址,一般位于黄河及其支流两岸的台地上,接近水源,土壤发育良好。房屋多为半地穴式建筑,也有在平地上起建的,房屋的平面形状有方形、圆形和分间三大类,以方形房屋最为普遍。方形房屋为半地穴式,面积较大,一般在10~50平方米,屋内有圆形火塘,门外常挖一方形窖穴存放食物。圆形房屋多为平地或挖一浅坑起建,进门有火塘,中间立一中心柱支撑斜柱,房屋呈圆锥形。分间房屋最少,主要见于东乡林家和永登蒋家坪,一般在主室中间设一火塘,侧面分出隔间。

马家窑文化的墓葬经发掘的有2000多座,墓地一般和住宅地相邻,公共墓地流行,墓葬排列不太规则,多数为东或东南方向。盛行土坑墓,有长方形、方形和圆形等。葬式因时期和地区不同而有变化,一般有仰身直肢、侧身屈肢和二次葬。墓葬内一般都有随葬品,有生产工具、生活用具和装饰品等,少数随葬粮食和猪、狗、羊等家畜。男性墓地的随葬品中多石斧、石锛和石凿等工具,女性的多纺轮和日用陶器,反映出男女间的分工。随葬品在数量和质量上都存在着差别,而且越到晚期差别越大,有的随葬品有90多件,而有的一无所有。这种贫富差别的增大,标志着原始社会逐步走向解体和中国文明曙光的来临。

马家窑文化制陶业非常发达,它继承了仰韶文化庙底沟类型彩陶爽朗的风格,但表现得更为精细,形成了绚丽而又典雅的艺术风格,比仰韶文化有进一步的发展,艺术成就达到了登峰造极的高度。陶器大多以泥条盘筑法成型,陶质呈橙黄色,器表打磨得非常细腻。许多马家窑文化遗存中,还发现有窑场和陶窑、颜料以及研磨颜料的石板、调色陶碟等。马家窑文化的彩陶早期以纯黑彩绘花纹为主,中期使用纯黑彩和黑、红二彩相间绘制花纹,晚期多以黑、红二彩并用绘制花纹。制陶工艺已开始使用慢轮修坯,并利用转轮绘制同心圆纹、弦纹和平行线等纹饰,表现出娴熟的绘画技巧。彩陶的大量生产,说明这一时期制陶的社会分工早已专业化,出现了专门的陶工匠师。彩陶发达是马家窑文化显著的特点,在我国发现的所有彩陶文化中,马家窑文化彩陶的比例是最高的,而且它的内彩也特别发达,图案的时代特点十分鲜明。

从20世纪50年代末开始,随着大量新出土材料的积累,马家窑文化彩陶的研究越来越受到学术界关注,逐渐变成史前文化研究中的一大热点。

3. 源头和分期

马家窑文化是一支具有地方特征、独立性很强的文化系统,可能是由仰韶文化发展而来的。关于它的来源,过去有这样一种说法——认为仰韶文化的彩陶是从中亚、西亚等地,经新疆、甘肃河西走廊传到中原的。通过大量的考古发掘和研究完全可以肯定,包括彩陶在内的整个仰韶文化,是在黄河流域独立地形成和发展起来的。多数学者所接受的一种观点认为,马家窑文化是继承仰韶文化而逐渐向西扩展的。苏秉琦先生指出:"仰韶文化遗存在甘肃境内的移动方向是自东部到中部;马家窑文化出现时间较早,同仰韶文化联系比较密切的马家窑类型遗存的移动方向也是自东部到中部;而半山、马厂类型遗存,则是自中部向西部延伸到河西走廊的西端。"

马家窑的分布范围与半山、马厂的分布范围虽有较大面积的重合,但甘肃东部不见半山、马厂的遗存,从陶质看马家窑以橙黄陶为主,半山、马厂以红陶为主。因此学术界主张把半山、马厂两个类型的文化遗存称为半山、马厂文化。从20世纪80年代以来,随着考古材料的增多,学术界一般倾向于将半山、马厂看作马家窑文化马家窑类型之后继承发展的两个文化类型。

目前,根据已发掘的遗址资料对各类型进行了分期。马家窑类型分早、中、晚三期，下面我们按普遍接受的观点，分马家窑、半山和马厂三类型向大家介绍。

马家窑文化早期：马家窑类型

1. 文化特征和主要遗址

马家窑类型主要分布在甘肃中南部和青海东北部、宁夏南部地区，在甘肃东部的泾、渭水上游与西汉水、白龙江流域都有不少遗存。兰州附近及黄河沿岸西至青海的贵德盆地以及湟水、大夏河、洮河、庄浪河、祖厉河，宁夏的清水河流域与河西走廊武威以东地区都有分布。距今5000~4700年。已发现的马家窑类型遗址达到了300多处。陶器以橙黄陶为主，有少量的灰陶，这一时期的彩陶展现了新的辉煌，数量增多，彩陶的比例占到20%—50%。彩陶器型丰富多样，纹饰精美，以旋涡纹、水波纹、同心圆纹为主，线条流畅，图案明丽。马家窑类型彩陶受仰韶文化的影响较大，但又有了新的发展。随着人们定居生活的稳定，陶器器型也出现了变化，虽仍以盆、钵、碗等饮食器为主，但贮藏器瓮、罐、瓶逐渐增多，还出现了最早的打击乐器——彩陶鼓。从总的发展趋势看，这时的器型线条变得更加流畅，各部分的比例更加匀称，更加实用。这说明农业生产有了进一步的发展。

马家窑类型的房屋，一般是半地穴式建筑，有方形和圆形。其中以方形为主，早期主屋中间有并连的两个灶基，前大后小，到中晚期为一灶。

马家窑类型的民居遗址上常有集中的制陶窑址，陶窑比仰韶时期有所进步，火塘和窑室分离，烧窑温度提高。永登蒋家坪发现的窑址，一半挖在生土层中，约1米见方，前有火门，并有三股通火道向上斜入窑室内，窑室上部以枝干加草拌泥封闭。到晚期陶窑稍有变化，火道为三排九眼，下空，呈箅形。

第三章 冠绝华夏——甘肃彩陶

马家窑类型的墓葬大多位于居址附近,形制多为方形或长方形竖穴土坑墓,葬式有二次葬、仰身直肢葬和瓮棺葬等。

马家窑类型石器有打制和磨制两种,其中以磨制石器为主。磨制石器有铲、斧、穿孔刀、锛、网坠等,磨制很精细,工艺水平很高。在东乡林家遗址出土了一件完整的青铜刀和铜器碎块,这是迄今为止在我国发现最早的青铜器,说明马家窑时期人们已开始使用和制造铜器,社会已进入了铜石并用时代,生产力有了很大的提高。

林家遗址:

位于甘肃省东乡族自治县大夏河东岸的黄土塬上,文化内涵以马家窑类型为主,包含有马家窑类型早、中、晚期的文化遗存,是马家窑类型的代表性遗址。

1978年甘肃省博物馆文物工作队、临夏回族自治州文化局、东乡族自治县文化馆共同进行了发掘,发掘面积接近3000平方米。发现马家窑时期的房屋遗迹27处,制陶窑址3处,灰坑98个。从地层上初步厘清了马家窑类型遗存早、中、晚三个阶段的堆积关系。发掘和采集各类遗物3000余件,其中各类工具和生活用具2000余件,以石器为主,骨器次之,也有少量的陶、蚌、角器。

最重要的是在遗址的房址中出土了一件青铜刀,在H54灰坑中出土了铜渣。铜刀由两块范浇铸而成,表面平整,薄厚均匀,短柄长刃,刀尖圆钝,微上翘,弧背,柄端有明显的安装木把的痕迹。1981年经北京钢铁学院冶金研究所检验,为含锡青铜。在一个窖穴内还发现有炭化的粟粒和成穗的粟,说明粟是当时居民的主要粮食之一。

出土的陶器分泥质和夹砂两类,主要采用泥条盘筑法和捏塑法制作。根据地层堆积,分早、中、晚三期。早期的陶器数量较少,主要有瓶、罐、盆、钵等,瓶多为喇叭口,罐为敞口,盆的口沿外卷,钵为圆唇。彩绘为黑色,漆黑发亮，纹饰以旋纹和弧线纹为主，线条粗健古朴；中期的瓶口沿向外翻转，颈部变长，罐的颈部变短，纹饰以弧形并列条纹为主，线条均匀细密，活泼流畅；晚期陶器数量最多，陶质较粗，主要器型有盆、钵、碗、壶、瓶、罐等，色彩也发生了变化，出现了白彩，纹饰简化、潦草，以旋纹、平行条纹为主，色彩清淡，白彩多为辅助装饰，黑白分明，对比强烈，是晚期的突出特点。

林家遗址的发掘，厘清了马家窑类型早、中、晚期的地层堆积关系，为文化遗物的分期提供了明确的地层证据。特别是陶器，阶段性特征非常明显，发展和演变情况也比较清楚，为以后的工作打下了基础。

曹家咀遗址：

位于兰州市西果园乡沙滩磨村，遗址东西250米，南北约300米。1971年甘肃省博物馆文物工作队对遗址进行了第一次发掘，开了一个南北长3.7米、东西宽2米的探方，发现有马家窑类型的陶窑1个，窑为横穴式。还出土了一些陶、石、骨器等遗物。出土陶片均为马家窑类型遗物，是一处单纯的马家窑类型文化遗址。

王保保城遗址：

位于兰州市黄河北岸，是元代王保保城城址。1966年甘肃省博物馆文物工作队在该遗址清理马家窑类型墓葬1座，出土了12件陶器和一些绿松石珠。陶器均为手制，陶质细腻，器型有壶、罐、钵、盆和瓶等。出土的彩陶器型规整，通体磨光，花纹繁缛，线条粗细相间，纹饰以弧线纹、弦纹、网纹和平行波纹为主。此遗址首次证明了马家窑期居民不但有自己的住地，而且还有自己的墓地。

边家林遗址：

位于甘肃省康乐县虎关乡关风村，是马家窑类型晚期墓地，分布在三岔河北岸二级台地上，面积约一万平方米。1981年甘肃省博物馆文物工作队和临夏回族自治州博物馆、康乐县文化馆联合进行了发掘，发掘面积425平方米，清理墓葬17座，灰坑1个，出土陶器100多件，石骨器等近800件。陶器以彩陶为主，器型有壶、罐、盆、瓶、碗、钵等。壶颈较细直，出现了红彩。边家林晚期的器型和纹饰与半山早期的花寨子下层遗存类似，已清楚地显示出向半山类型过渡的趋势，填补了从马家窑类型发展到半山类型的缺失。

2.彩陶纹饰及装饰部位

彩陶上的图案纹样表达的是氏族部落共同体的文化意识，带有一定的神秘色彩。彩绘的出现，一方面是为了满足原始人类的精神需要，另一方面也是人类经过社会实践认识自然的产物。由于马家窑文化主要分布在黄河上游及其支流的两岸，所以，彩陶图案上反映出了黄河奔流不息、涡深流急、波涛汹涌的气势。马家窑类型的彩陶内彩特别发达，多装饰在盆、钵内，以旋涡纹和水波纹为主。彩陶图案布局合理，图案与器物造型完美地结合在一起，装饰部位根据器形的不同和用途的不同而变化，根据器型和摆放的位置进行设计。大型壶、罐类器物图案分层排列，一般装饰在肩和上腹部，颈部饰辅助花纹；盆、碗类花纹主要在器物内和口沿下；小型器物往往通体布满纹饰。马家窑类型的彩陶图案绘制采取了以点定位的方法，图案中的点犹如河水的浪花，象征着河流波涛起伏，奔涌向前。

彩陶艺术是人类生产和生活发展到一定阶段的产物，标志着人类文明的进步，标志着农业生活方式进入了稳定时期。彩陶的产生也推动了生产力的发展。彩陶从最初产生开始，就带有鲜明的实用功能，彩陶艺术是随着生产技术的提高而发展的，器型由单一变为多样，纹饰由简单变为复杂，制作工艺由捏制发展到轮制，这一过程也是人们认识自然、改造自然的生活实践过程。彩陶也是氏族部落文化的产物，它与史前社会人们的生活、生存方式密切相关。从这个角度说，彩陶纹饰不仅是原始崇拜、图腾崇拜的表征，它更多的是自然崇拜的反映。如：半坡类型多鱼纹，说明当时气候湿润，多湖泊，鱼类大量存在，是人们日常食物的重要来源。人们对鱼类非常熟悉，鱼类便很自然地成为装饰艺术的题材。马家窑类型多水波纹、旋涡纹，说明当时气候已开始变干，人们生活在河流的两岸，水波纹和旋涡纹正是人们在岸边观察水流的印象，在彩绘艺术创作中的描摹与升华。到四坝文化、辛店文化时，多羊纹、犬纹、鹿纹，说明这时候气候干燥、少水，当时的人们以游牧生活为主。畜牧业开始成为社会生活的主体性经济，人们大量驯养各类动物，对动物形象的观察与描绘，便在艺术创作中占据了主导性地位。从考古发掘资料看，也可以证明这些看法。

艺术源于生活，原始社会彩陶的产生和发展也遵循着这一规律。彩陶上的图案和装饰部位，是由当时人们对生活环境的认识和生活习惯决定的。在新石器时代，由于生存环境恶劣、生产力低下，人们都是席地坐卧，生活用品也都置于地面，要看这些器物只能侧视或俯视，通常看到的部位是器物的上半部分。所以马家窑文化彩陶的装饰部位一般都在器物的上腹、肩部或器内。这表明马家窑文化的彩陶是实用品，图案纹饰表现的是与生活息息相关的内容，大多是自然崇拜的反映，其装饰部位也反映了它的实用性，一般只绘在平时可看得到的部位。以前在展览或图录中展示彩陶时，表现的只是侧视的画面，没

内彩旋纹彩陶盆

第三章 冠绝华夏——甘肃彩陶

有注意到俯视效果。如果俯视这些彩陶，我们就会看到精美绝伦的花卉图案和动感强烈的几何图案。马家窑类型的彩陶多采用曲线构图，用笔熟练巧妙，绘画的技术水平要高于半山、马厂类型。

马家窑类型彩陶早期施黑彩，浓亮如漆，多旋涡纹、鸟纹和弧边三角纹、网格纹、弦纹、叶纹等几何纹，还有动物纹，大多数为二方连续图案。图案结构巧妙，变化丰富，具有强烈的动感。这一时期开始流行在盆、钵、碗内施彩，但比较简单，多为十字纹，或以十字为结构的简单图案。

内彩变体鸟纹旋纹钵

到了中期，器表打磨精细，黑彩仍旧鲜亮。这时的器型逐渐增多，壶成为了主要器型之一。新出现的器型有敛口罐、带流钵、陶铃等。纹饰多为平行线、旋涡纹、水波纹和鸟纹，还新出现了蛙纹、同心圆。在青海省出土了几件绘有舞蹈人群纹样的陶盆。中期彩陶的图案构成复杂巧妙，取材范围广泛，纹饰多有创新，图案布局因器物造型不同、功用不同而

黑白彩鸟纹罐

异，构图富丽明快，线条流畅多变，达到了彩陶发展的辉煌期。

而在晚期时，陶质多橙黄，除了黑彩外，还出现了白彩，白色多填于黑色花纹的空隙或周边，黑白映衬，对比鲜明。器型增加了勺、束腰罐、鼓等。纹饰不如中期的丰富，绝大多数为几何形花纹。盆、钵等器物，流行在器外口沿下绘制水波纹——一种以黑色为底留出陶色为纹的阴底旋纹。这时期以四小圆为旋心的二方连续旋纹、大锯齿纹增多。这些都表现出向半山类型彩陶过渡的趋势。

精品赏析

1. 内彩旋纹彩陶豆

高 16.4 厘米，口径 27 厘米，底径 15 厘米，1958 年兰州市小坪子出土，甘肃省博物馆藏。泥质橙红陶，大口弧腹，高圈足呈花口，腹部有对称的双耳。通体施黑彩，豆内绘大漩涡纹，外壁绘水波纹和宽带纹。

2. 叶形曲颈彩陶铃

高 9.2 厘米，腹径 6.8 厘米，底径 3 厘米，1991 年广河县祁家集出土，甘肃省博物馆藏。橙黄陶。通体施黑彩，柄部绘弦纹间圆点纹，腹部绘叶形网纹。器形呈单节长柄葫芦形，腹中空，内置小陶丸或石子，摇动时沙

内彩旋纹彩陶豆

叶形曲颈彩陶铃

沙作响，应是原始的摇响乐器。

3. 旋纹双耳尖底瓶

高 26.8 厘米，口径 7.1 厘米，陇西县吕家坪出土，甘肃省博物馆藏。橙黄色细泥陶，器表打磨光滑，小口、细颈、丰肩、收腹、尖底，腹部有系绳用的双耳。通体施黑彩，颈部绘弦纹，瓶身绘四方连续旋纹，间饰像河水四溅的涡点。图案繁密紧凑，线条流畅，构图严谨，具有强烈的动感。

4. 旋纹彩陶瓶

高 25.4 厘米，口径 7.2 厘米，底径 7.2 厘米，1973 年兰州市杏核台出土，甘肃省博物馆藏。泥质红陶。通体施黑彩，颈部绘弦纹、圆点纹，瓶身绘前后对称的大漩涡纹，表现了河水涡深流急、波涛汹涌的宏大气势。

5. 旋纹彩陶罐

高 50 厘米，口径 18.4 厘米，1956 年甘肃永靖县三坪出土，中国国家

旋纹双耳尖底瓶

旋纹彩陶瓶

旋纹彩陶罐

旋纹彩陶鼓

内彩水波纹彩陶盆

博物馆藏。细泥红陶,通体磨光,敛口,口沿外有四錾,口沿、肩、上腹部分三层绘旋纹和水波纹。此罐造型巨大,比例匀称,纹饰繁缛瑰丽,线条流畅,动感强烈,有彩陶王之美称。

6. 旋纹彩陶鼓

长37厘米,大口径22厘米,小口径12厘米,1998年永登县出土,甘肃省博物馆藏。橙黄陶,陶鼓两端各有一耳,当为系绳用,一端略呈喇叭口,一端呈罐形口,喇叭口外有六个爪突,当为固定革制鼓面用。施黑彩,绘旋纹。这件彩陶鼓是迄今为止发现时代最早的打击乐器。

7. 内彩水波纹彩陶盆

高10.4厘米,口径29厘米,1975年临夏水地陈家出土,临夏回族自治州博物馆藏。泥质红陶。内外壁及口沿施黑彩,内绘同心圆、水波和星斗纹,外壁绘水波纹,整个图案构图新颖,线条流畅。

8. 内彩变体人面纹彩陶盆

高9.5厘米,口径23厘米,底径9.4厘米,1966年兰州市王保保城出土,甘

第三章　冠绝华夏——甘肃彩陶

肃省博物馆藏。橙黄陶。施黑彩，盆内底绘一大漩涡纹，涡心填十字纹，内壁绘三组由漩涡联结的变体人面纹，口沿上绘弧线、圆点、网纹等，外壁绘水波纹。

内彩变体人面纹彩陶盆

9. 网纹旋纹彩陶壶

高 25.5 厘米，口径 13 厘米，底径 13.5 厘米，1966 年兰州市王保保城出土，甘肃省博物馆藏。泥质橙黄陶。通体施黑彩，口沿回弧线纹，颈部绘平行带纹，壶身绘弦纹、网纹、水波纹，并间以圆点纹，造型饱满，线条流畅。

网纹旋纹彩陶壶

10. 波折纹彩陶壶

高 26.4 厘米，口径 10.7 厘米，底径 7.9 厘米，1974 年舟曲县掌坪出土，甘肃省博物馆藏。橙黄陶。通体施黑彩，颈部绘弦纹，肩部绘六组羽状纹饰，腹部绘两层复道水波纹。造型端庄，图案精美。

11. 黑白彩斜线圆圈纹彩陶壶

高 40.2 厘米，口径 12.3 厘米，底径 11.5 厘米，1975 年永登县蒋家坪出土，甘

波折纹彩陶壶

肃省博物馆藏。泥质橙红陶。施黑白彩,颈部绘黑、白带纹,肩部用斜线、圆圈内填十字圆点纹和弧边三角纹组成几何图案,上腹部绘弦纹,黑白映衬,对比鲜明。

12. 弧边三角锯齿纹彩陶瓶

高 28.7 厘米,口径 8.3 厘米,底径 8.1 厘米,1974 年通渭县碧玉出土,甘肃省博物馆藏。橙黄陶。施黑彩,装饰图案与其他器物不同,采用了不对称、不连续的绘画技法。口沿绘短斜条纹,瓶身一面绘弧边三角纹和锯齿纹,一面腹部绘"×"符号。

13. 变体蛙纹彩陶壶

高 28 厘米,口径 13.5 厘米,底径 10.8 厘米,1965 年漳县出土,甘肃

黑白彩斜线圆圈纹彩陶壶

弧边三角锯齿纹彩陶瓶

省博物馆藏。橙黄陶。施黑彩，口沿绘一圈锯齿纹，颈部绘平行带纹，腹部绘两组变体蛙纹，构图新颖，线条流畅，生动活泼。

14. 旋纹圈足三联杯

高 12.2 厘米，口径 7.6 厘米，底径 9.7 厘米，1974 年舟曲县掌坪出土，甘肃省博物馆藏。橙黄陶，高圈足。施黑彩，绘二方连续旋纹，每杯绘一旋涡。这件旋纹圈足三联杯，造型奇特，独具匠心，是当时部落联盟首领们用于饮酒的器皿。

变体蛙纹彩陶壶

15. 内彩曲腹彩陶盆

高 18 厘米，口径 27.7 厘米，底径 10.4 厘米，1984 年武威市韩佐乡五坝山出土，甘肃省考古研究所藏。橙黄陶，外壁有对称的双鋬，施黑彩，盆外壁绘钩形纹间平行竖带纹，内壁绘弧边三角纹、平行线纹和圆圈十字纹。器形独特，纹饰精致。

马家窑文化中期：半山类型

旋纹圈足三联杯

内彩曲腹彩陶盆

1. 文化特征和主要遗址

半山类型因1924年安特生首先发现于甘肃省广和县洮河西岸的半山遗址而得名，距今4500年左右，分布在陇山以西的渭水上游、兰州附近的黄河沿岸到青海贵德盆地，及黄河支流湟水、大夏河、洮河、庄浪河、祖厉河、河西走廊的永昌、武威、古浪、景泰等地区，范围基本与马家窑类型相同，但已逐渐西移。1923年，安特生在兰州购买了一批出自洮河流域的史前彩陶器，主要是半山、马厂时期的。之后他在洮河流域部分地区进行了调查、发掘，共发现史前遗址49处。根据调查，他在所著的《甘肃考古记》中将中国西北地区的史前文化分为六期，从早到晚依次为齐家期、仰韶期、马厂期、辛店期、寺洼期和沙井期。他认为在中国所出的彩陶器发源于西方。后来我国考古专家和古史学者根据不断丰富的考古发掘资料研究得出结论，有力地批驳和纠正了安特生"六期说"和"中国文化西来说"的错误观点，证明中国彩陶文化不仅源于本土，而且具有东来西向的传播趋势。

半山类型的房子为方形或长方形的半地穴式建筑，门向东，室内有灶。在房子附近一般还有储存东西的窖穴和烧制陶器的窑址等建筑遗存。

半山类型的墓葬发现较多，形制除常见的长方形竖穴土坑墓外，还有石棺墓。葬具有木棺。葬式以侧身屈肢葬和二次葬为主，其次为仰身直肢葬，还有一定数量的合葬墓。随葬品以彩陶为主。

半山类型陶器以红陶为主，另有少量的灰陶和白陶。半山时期的经济生活与马家窑时期基本相同，仍以农业为主，渔猎为辅。由于农业的进一步发展和稳固的定居生活，制陶业相当发达，使彩陶艺术发展到鼎盛时期，彩陶出土量最高，有的遗址这一时期的彩陶占全部陶器的85%，最高达到

90%。彩陶的造型美观，图案具有繁丽精美的艺术风格，多以黑红相间的线条勾画出各种图案，纹饰以旋纹、锯齿纹、菱形纹、葫芦纹、网纹为主，花纹一般饰于器物上腹。器型丰富多样，形体匀称，高低、宽窄比例协调。大型贮藏器如壶、瓮、罐等成为半山类型彩陶的主要器型，这也反映出农业定居生活的进一步发展。在半山期，鸟形壶开始出现，后期逐渐增多，腹部有双耳，代表双翼，尾部由一小錾来显示。这一时期的陶器饱满凝重，曲线优美柔和，重心降低，最大直径在腹部，直径与高度基本相等，器表打磨得很光滑，可见制陶技术有了显著提高。

青岗岔遗址

位于兰州市七里河区西果园乡青岗岔村，与曹家嘴遗址隔沟相对，南高北低，遗址面积8万多平方米。1945年3月19日夏鼐和凌洪龄两位先生首先发现这一遗址，并采集了一些陶片和石器等实物标本，初步认为是马厂期的墓地。1958年甘肃省博物馆文物工作队对遗址进行了调查，确认该遗址还包含有半山时期的墓葬，证实半山时期的遗址与墓葬并存。1959年马承源先生对遗址进行了调查，从堆积物分析，肯定了青岗岔遗址属半山类型。1963年北京大学历史系与甘肃省博物馆联合对遗址进行了发掘，揭露面积80多平方米，清理出半山时期的房址一处，这是首次发现半山时期的房屋遗存，意义重大。说明半山时期有房屋聚落，否定了安特生关于半山是马家窑类型墓地的论点。同时发现的还有窖穴2处，陶窑1座，墓葬1座。1976年，甘肃省博物馆文物工作队进行了第二次发掘，清理出半山时期房屋3座，墓葬3座。根据所出彩陶等分析研究，青岗岔遗址属半山类型晚期。

花寨子遗址

位于兰州市七里河区花寨子乡水磨沟东岸第二台地上。1977年甘肃省博物馆与兰州市文化馆、七里河区文化馆进行了发掘，共清理墓葬49座，大部分为木棺墓，墓制皆为长方形或方形的竖穴土坑墓。随葬品有石器、骨器、纺轮、装饰品和陶器等，共出土器物923件，其中陶器106件，还出土赭石色颜料1块。生产工具大量出现，而且制作精细，陪葬品多寡悬殊，说明当时已经出现了社会分工和贫富分化。陶器分为彩陶和夹砂陶，彩陶陶质较细，打磨光滑，火候较高，陶色呈橙黄色。器型较少，以小口高颈双腹耳壶为主，单耳大口罐和盆、钵也占一定比例。这时候壶、罐的最大直径还比较偏上，肩到腹的转折明显，底部大而平。发展到半山中期，最大直径下移到器身中部，肩腹部转折圆缓，底部变小。早期的彩陶有通体绘纹饰的，中、晚期见不到。壶、罐的绘彩部位在口沿到腹部双耳的下沿，盆、钵一般为内彩，器外无彩。壶、罐、瓶的纹饰以葫芦网纹为主，锯齿纹开始大量出现。

花寨子晚期的陶器，半山类型的特点非常明显，器形变矮，腹径接近器高，最大直径移至中部，底部变小。纹饰以二方连续旋纹间锯齿纹为主，红彩比例增大，这些特点更接近于广河地巴坪的半山陶器。发掘者认为，根据兰州市青岗岔半山遗址的地层关系来看，地巴坪的陶器属半山中期，花寨子早期的陶器接近马家窑类型，晚期向地巴坪式发展，因此花寨子半山墓葬属于半山类型的早期。

地巴坪遗址

位于甘肃省广河县城东南6公里处地巴坪村西北的广通河南岸台地。这里不但有半山类型遗存，还有马厂类型、齐家文化的遗存。1973年甘肃省博物馆文物工作队和广河县文化馆先后两次进行发掘，清理半山时期墓葬66座，形制均为长方形竖穴土坑墓，出土遗物756件，随葬品以陶器为主，还有石器和骨珠等。出土陶器392件，其中彩陶的比例达90%，每座墓一般出土七八件彩陶，最多的17件，最少的1件。地巴坪遗址是半山时期出土彩陶比例最高的一处遗存，陶器中以大型的小口直颈彩陶壶和侈口短颈彩陶瓮（罐）较为普遍。陶器组合基本是壶、瓮、罐或瓶，少数墓兼有盆或碗。陶质细腻，呈橙黄色或砖红色，器表打磨光滑。彩陶以黑色为主、红色为辅绘制花纹，纹饰精美、繁缛，以旋纹和菱格纹为主。经对出土的彩陶整理及与马家窑类型和马厂类型彩陶纹饰作对比研究，地巴坪遗址应属半山类型早期遗址。地巴坪遗址是半山类型保存较好、出土物较多的一处墓地，为研究半山时期的葬俗提供了重要的资料。

张家台遗址

位于甘肃省景泰县城东南2公里芦阳乡张家台。1975年甘肃省博物馆文物工作队和景泰县文化馆对遗址进行了调查和发掘，清理墓葬22座，其中石棺墓11座，木棺墓1座，土坑墓10座，共出土器物1935件。随葬品以陶器居多，生产工具较少，有的墓出土了较多的装饰品。石棺墓的发现，是这次发掘的主要收获，棺室砌制规整，保存较好，这在西北地区新石器时代墓葬中，还是首次发现，材料比较重要，对研究石棺墓的分布、特点等问题提供了新的资料。陶器的器形变得小而多样，内彩趋于简化。张家台遗址时代晚于广河地巴坪遗址。

土谷台遗址

位于兰州市西部红古区平安乡湟水北岸的二级台地。1977年至1978年，甘肃省博物馆和兰州市文化馆进行了两次发掘，共清理墓葬84座，其中土洞墓59座、木棺墓14座、土坑墓11座。共出土器物1615件，其中陶器574件，工具13件，装饰品等1028件。随葬品以陶器为主，分泥质红陶和夹砂红陶两类，彩陶占陶器总数的56%。彩陶图案繁多，花纹鲜艳，是以往发掘中不多见的。泥质陶多经打磨，器表有光泽。器型有壶、瓮、罐、瓶、钵、盆、碗、杯、盂、豆等，器型中出现了新的品种——鸟形壶。彩陶图案以几何纹为主，构图注意对称，盛行黑、红二彩，常见的有旋纹、四大圈纹、锯齿纹、菱形网纹、神人纹等。

土谷台墓地的遗存很丰富,是一处重要的马家窑文化遗址,它包括了半山和马厂两个类型的墓葬,为揭示半山和马厂之间的关系提供了重要资料。

2. 彩陶纹饰

半山类型的彩陶,达到了彩陶艺术的鼎盛时期。彩陶色彩鲜艳亮丽,图案繁缛。纹饰以旋纹、锯齿纹、葫芦形网纹、菱格纹为主。还有圆形纹、叶形纹、贝形纹、神人纹等,其中锯齿纹非常盛行,为半山类型彩陶一个最主要的特征。

早期除用黑彩外,还出现了红彩,但还是以黑彩为主,红彩运用得较少,只起点缀作用;到中晚期,红彩比例大增,使用率与黑彩差不多相等。这时的红彩色泽发暗,呈紫红色。彩陶大多用黑、红相间的线条绘制图案,一般在器物的口沿内侧绘简单的复线连弧纹或三角纹,口沿外侧绘斜十字纹、波折纹等,颈部绘大三角纹、弦纹、菱格纹等,肩部绘弦纹、锯齿纹。上腹部纹饰为图案的主题,内容丰富,构图严谨、规范,具有明显的时代特征,大多为组合图案,主要有以下几种组合方式:旋纹、锯齿纹组合,

半山旋纹锯齿罐

菱格锯齿纹罐

菱格纹、锯齿纹组合，葫芦网纹、锯齿纹组合。最下层以一圈垂弧纹结束整个图案，下腹部一般不绘制纹饰，花纹多以器物双腹耳的下沿为界。半山早期彩陶的附属花纹中，以黑色为地的阴地折线纹居多，晚期演变为两边镶有锯齿的黑线或红线。壶、瓶、大口罐的颈肩处多绘平行宽带纹夹数条细线纹，早期只用黑彩，晚期的宽带纹用红彩，下面配黑色锯齿带纹。

半山类型的彩陶纹饰一般装饰于容器上腹，从视觉效果上说，平视图案给人以二方连续的美感，俯视彩陶，图案更富有团花对称的美感和动感。从下腹部不绘制纹饰可看出，其摆放位置较低，说明这些彩陶是日常生活实用品。

半山类型彩陶的装饰部位及特点：口沿内，一般绘简单的纹样，多复道垂弧纹和锯齿纹，还有带纹、波折纹等。颈部，常见的纹饰有菱形网纹、锯齿纹、折角纹、波纹和斜十字纹等。肩、腹部，绘主体花纹，内容丰富多样，构图规整，线条流畅，多组合纹样，时代特征明显，常见的纹饰有旋纹、锯齿纹、葫芦网纹、菱形纹及其变化纹样和神人纹等。内彩，一般装饰于盆、钵内，内容比较单一，主要有旋纹和神人纹。

到半山晚期神人纹逐渐增多。这时的神人纹面部比较抽象，并且有四肢。旋纹、锯齿纹逐渐消失，旋纹演变为四大圆圈纹。这时的四大圆圈纹是相连的，到马厂类型时逐渐变成独立的四大圆圈纹。从出土的彩陶看，旋纹贯穿于半山类型彩陶发展的全过程，这不断变化却始终存在的旋纹，反映了半山时期的人们对河流的依赖。

旋纹、锯齿纹的消失，是半山类型结束的标志，也是彩陶文化由繁盛走向衰落的一个重要标志。

精品赏析

1. 旋纹锯齿纹彩陶壶

高33.8厘米,口径12厘米,底径11.8厘米,1977年兰州市土谷台出土,甘肃省博物馆藏。这件彩陶壶是马家窑文化半山类型的代表作,颈部饰黑色网纹,腹部以红、黑彩带间锯齿纹组成二方连续的旋涡纹样,旋涡内填阴地圆点纹,具有流动的视觉效果,表现了黄河奔流不息的千姿百态。

2. 葫芦形网纹双耳彩陶壶

高46.7厘米,口径12.2厘米,底径19.8厘米,1977年兰州市花寨子出土,甘肃省博物馆藏。施黑红彩,颈部绘黑色网纹,肩、腹部先用红色绘葫芦轮廓,外绘黑色锯齿带纹,葫芦内填细密整齐的网纹。葫芦网纹为半山类型中期的典型纹饰之一。

旋纹锯齿纹彩陶壶

葫芦形网纹双耳彩陶壶

3. 旋纹带流敛口彩陶罐

高32厘米,口径10厘米,底径15厘米,1976年兰州市关庙坪出土,甘肃省博物馆藏。橙黄陶,口外有一管状流和三个突錾。施黑、红彩,肩部用黑红相间的宽带绘旋纹，腹部绘平行带纹。根据器形来看，这件彩陶罐是当时的盛酒器皿。

4. 菱格锯齿纹彩陶罐

高 34 厘米，口径 17 厘米，底径 12.1 厘米，1973 年广河县地巴坪出土，甘肃省博物馆藏。橙黄陶。施黑、红彩，口内绘垂弧纹，颈部绘一周锯齿纹，腹部用黑、红复彩绘二方连续的大菱格纹，内填十字纹和圆点纹。

旋纹带流敛口彩陶罐　　　　　菱格锯齿纹彩陶罐

5. 阴地壁形纹双耳彩陶壶

高 34 厘米，口径 12.4 厘米，底径 12.1 厘米，1960 年甘肃省出土，甘肃省博物馆藏。橙黄陶。施黑彩，口沿内绘垂弧纹，颈部绘两周锯齿纹，腹部绘两周阴地壁形纹，间以一周波折纹。

6. 贝形纹双耳彩陶罐

高 34.5 厘米，口径 14 厘米，底径 14 厘米，1960 年甘肃省出土，甘肃省博物馆藏。橙黄陶。施黑彩，口沿内绘一圈锯齿纹和垂弧纹，腹部绘两周贝形纹。贝形描绘得比较写实，中间用线条分开，并用细密的锯齿纹描绘贝腹部的纹理。这件彩陶罐反映出当时人们对海贝的喜爱和崇拜。

阴地壁形纹双耳彩陶壶

贝形纹双耳彩陶罐

旋纹鸟形彩陶壶

7. 旋纹鸟形彩陶壶

高 22.5 厘米，口径 8.3 厘米，底径 9.1 厘米，1977 年兰州市土谷台出土，甘肃省博物馆藏。橙黄陶。器形呈鸟形，偏口、双耳、小銎，分别代表鸟头、双翅和鸟尾。施黑、红彩，口内绘连弧纹，颈部绘网纹，上腹部绘一周三涡旋纹，旋涡内填菱形网纹和圆点纹。这件彩陶造型别致，风格奇特，是半山类型彩陶中的佳作。

8. 垂弧锯齿纹双耳彩陶罐

高 30.3 厘米，口径 17.5 厘米，底径 13 厘米，1973 年广河县地巴坪出土，甘肃省博物馆藏。泥质红陶。侈口，鼓腹，小平底，腹两侧附耳。施黑、红彩，口内绘垂弧纹，腹部绘多层连续垂弧纹和锯齿纹，黑红彩交替使用，由三组分层连续的垂弧纹组成整体图案，每层由两层黑色带纹和一层红色带纹组成，黑色带纹上缘绘向上的黑色锯齿纹。整个图案密集繁复，俯视犹如一朵盛开的鲜花。

9. 神人纹彩陶壶

高 25 厘米，口径 8 厘米，底径 14.6 厘米，甘肃省出土，甘肃省博物馆藏。橙黄陶。施黑、红彩，口沿内绘垂弧纹，颈部绘菱形网格纹，肩、腹部用黑红复彩绘二方连续的神人纹，神人呈手拉手状，这件神人纹彩陶壶，构图奇特，是半山类型彩陶中稀有的艺术品。

垂弧锯齿纹双耳彩陶罐

神人纹彩陶壶

10. 锯齿纹彩陶鼓

长 42.5 厘米，大口径 29.8 厘米，小口径 15.2 厘米，1997 年永登县出土，甘肃省博物馆藏。橙黄陶。一端呈大喇叭口，一端呈罐口，中间相通，两端各有一环钮，用于系绳，喇叭口沿外有七个小乳鋬，用于蒙鼓皮。施黑彩，绘锯齿纹。这件彩陶鼓，是半山类型中极为少见的器型。

11. 剔刻贝形纹彩陶壶

高 39 厘米，口径 9.5 厘米，底径 15 厘米，1964 年广河县寨子坪出土，甘肃省博物馆藏。橙黄陶。施黑、红彩，颈部绘网纹和一周大锯齿纹，肩腹部绘四层阴地贝形纹，每层间隔红色带纹。

锯齿纹彩陶鼓　　　　　　　　剔刻贝形纹彩陶壶

12. 垂弧锯齿纹单耳彩陶壶

高 16.2 厘米，口径 8.5 厘米，底径 8 厘米，1977 年兰州市土谷台出土，甘肃省博物馆藏。橙黄陶。施黑、红彩，口沿内绘大锯齿纹和红色带纹，颈部绘菱形网格纹，腹部绘两组对称的月牙形垂弧纹，间以网块纹和细密的锯齿纹，其余部位填充黑色。

13. 内彩神人纹彩陶盆

高 11.5 厘米，口径 23 厘米，底径 9.5 厘米，1977 年兰州市土谷台出土，

垂弧锯齿纹单耳彩陶壶　　　　　　内彩神人纹彩陶盆

甘肃省博物馆藏。橙黄陶，腹部有两錾。施黑、红彩，内彩绘两组变体神人纹，口沿绘一周细密的阴地波折纹，盆外壁光素无彩。

14. 旋纹锯齿纹罐

高 31.5 厘米，口径 17.9 厘米，底径 13 厘米，1973 年广河县地巴坪出土，甘肃省博物馆藏。橙黄陶。施黑、红彩，口沿内绘垂弧纹、锯齿纹，腹部黑红彩交替使用绘二方连续旋纹。图案生动，线条流畅。旋纹锯齿纹为半山类型中期典型的复合纹饰之一。

15. 菱形网纹彩陶罐

高 17.6 厘米，口径 14 厘米，底径 9.6 厘米，1977 年兰州市土谷台出土，甘肃省博物馆藏。橙黄陶。施黑、红彩，口沿内绘红色带纹和黑色大锯齿纹，颈部绘锯齿纹，腹部绘四组菱形纹，内填网纹和水滴纹。

菱形网纹彩陶罐

马家窑文化晚期：马厂类型

1. 文化特征和主要遗址

因最早发现于青海省民和县马厂塬而得名，距今 4350~4050 年，分布范围与半山类型大致相同，只是更为向西，发展到了河西走廊西端的玉门一带。

马厂类型是继半山类型后发展起来的文化类型，个别地方与半山类型同时并存，但主流晚于半山。马厂时期的居民以经营农业为主，在遗址和墓葬中都大量出土有石制和骨制的生产工具。从大量的出土纺轮和骨针来看，纺织业在当时得到了迅速发展。马厂的器型大部分脱胎于半山类型，但有了进一步的丰富和变化，增加了一些新的器型，最具代表性的是单耳带鋬筒状杯。这一时期陶器种类繁多，彩陶图案绚丽多彩。陶器以红陶为主，也有少量的灰陶和白陶，早期器表打磨较光，晚期只有个别的经过打磨，大部分未经磨光，器表比较粗糙。这一时期大量出现红色陶衣，也有少量的白色陶衣。纹饰以四大圆圈纹、变体神人纹、波折纹、回形纹、卦形纹、菱格纹、三角纹为主，构图较松散。

马厂类型的房子有方

三角网格筒状杯

形、长方形和圆形，有单间的，还有"吕"字形套间与多元的套间房子。有半地穴式建筑，也有平地起建的，房子中间有一圆形灶。在房子内或附近有储存东西的袋状窖穴，遗址附近还有烧制陶器的窑址。

马厂类型的墓葬发现得最多，形制有长方形竖穴墓和"凸"字形墓两种，葬具有木棺和垫板。葬式有仰身直肢葬、侧身屈肢葬、二次葬、俯身葬和合葬墓。随葬品以彩陶为主。

半山类型结束后，分两支向后发展。一支以青海省乐都县柳湾为代表，主要分布于兰州以西、青海地区，后发展为齐家文化。器型以壶为主，形体比半山类型瘦高，最大直径上移，纹饰以变体神人纹和四大圆圈纹为主，图案结构变得比较松散。不仅纹饰简单，而且彩绘也变得粗糙，这是彩陶文化走向衰退的重要表现。

另一支沿河西走廊向西北发展，以甘肃省永昌县鸳鸯池遗存为代表，逐渐演变为四坝文化，向西进入新疆中部，最后在新疆绝迹。器型以单耳筒状杯、侈口深腹盆为特色，壶和瓶很少，纹饰以回形纹、三角折线纹、菱格纹为主。这一支吸收了许多游牧民族的文化特点。

这两支各自具有明显的特点，尤其在后期，文化面貌的差异更大，所以我们认为它们已不属于同一文化类型，而是时代相同、文化内涵不同、而又相互影响的两种文化类型。

白道沟坪遗址

位于兰州市黄河北岸，高出河面60余米的一处黄土台地上，由于洪水的冲刷，形成了圆坪子、徐家坪和刘家坪三大高坪。甘肃省文管会对遗址进行了调查，发现墓葬集中在刘家坪，共清理陶窑12个。陶窑均为从地面向下挖制而成，上部呈方形，最大为1米见方，底部为锅底形，有沉积的白灰层，均开一个火门，四面边缘上有高出15~20厘米的土壁，窑上部开9个直孔，用以通火烧陶。

鸳鸯池遗址

位于甘肃省永昌市河西堡金川河西岸。1973~1974年，甘肃省博物馆文物工作队和武威地区文物普查队先后两次进行了发掘，共清理墓葬189座，其中半山时期墓葬7座，有两组应为马厂墓。墓葬形制多为长方形竖穴土坑墓，有单人葬和合葬。随葬品以陶器为主，出土马厂类型陶器431件，其中彩陶190件，还有石器、骨器和装饰品等。陶器以泥质红陶最多，占70%，且大多数为彩陶，素面较少，陶器底部大多有席纹，特别是夹砂陶几乎都有。彩陶纹饰以几何纹为主，常见的有方格纹、三角纹、回纹、菱形纹、圆圈纹和波纹、神人纹等。早期的壶、罐饰锯齿纹，红陶小罐饰模印纹，还有少量的锥刺纹，口沿上一般有一对或两对鸡冠形耳。器物多小件，都是平底，有瓶、壶、罐、钵、盆、碗、杯、盂、器盖等，以单耳筒状杯最具特色，有的腹部还有一小錾，上绘人面纹或十字纹。到了晚期，陶器质地粗糙，纹饰简单潦草。

半山和马厂的关系，长期以来众说纷纭，没有统一的认识。鸳鸯池的发掘，首次获得了半山早于马厂的地层证据。

柳湾遗址

位于青海省乐都县东17公里的高庙乡柳湾村湟水北岸。遗址面积达11.2万平方米，是黄河上游规模最大的一处氏族公共墓地，包括半山类型、马厂类型和齐家文化、辛店文化等遗存。1974~1978年由青海省文物管理处考古队与中国社会科学院考古研究所进行了多次发掘。共发掘墓葬1700多座，以马厂类型为主，还有半山类型和齐家文化的墓葬，出土物品3万多件。其中清理马厂时期墓葬872座，主要分布在墓地的中区，是发掘规模最大的一处马厂时期墓地。首次发现了榫卯结构的木棺葬具痕迹，随葬器物除生产工具和装饰品外，以陶器为主，出土陶器13227件，而且以彩陶数量多著称。彩陶器形不太规整，常见的有盆、碗、杯、豆、壶、罐等。

花纹种类繁多、随意性较大,最具代表性的是四大圆圈纹、变体神人纹和几何纹。在许多彩陶壶、罐无纹饰的下腹部画有各种符号,据统计画符号的陶器有679件,符号种类有139种。柳湾的马厂墓葬,陪葬品数量极为悬殊,有的墓陪葬品达95件,有的只有残陶器或一两件器物陪葬,还有22座墓空无一物,说明当时已经出现贫富分化。墓葬中还出了大量的陶纺轮,许多陶器的底部往往印有编织纹,说明当时的纺织业也相当发达。

柳湾的彩陶红、黑彩间用,早期以红彩为主、黑彩为辅绘制图案,花纹繁缛;中期花纹开始变得简单;晚期不仅花纹的样式、彩绘更加简单,而且笔划粗犷潦草,图案不规整,表现出工艺衰退的迹象。

柳湾出土的彩陶,从制作工艺上反映出,马厂时期已开始大量生产专门用于陪葬的彩陶明器。日常生活用的彩陶制作较精细,一般在绘彩后要经过仔细的打磨再烧制,彩与胎处于同一平面,用手摸感觉很平滑。而陪葬用的彩陶制作较粗,绘彩后未经打磨,烧成后花纹呈明显的凸起状,而且很粗糙。这说明马厂时期的制陶作坊已出现了专业化分工。

2. 彩陶纹饰

纹饰以黑彩为主。马厂早期的彩陶,保留着半山彩陶纹饰华丽的传统,但又有许多创新和发展,图案逐渐变得简练,表现手法多样,形成了粗犷豪放的艺术风格。彩绘技法也出现了变化,除了黑、红两色相间使用外,出现了在红色宽带纹上再加绘一条黑色窄带纹的绘法,到中晚期出现红色陶

回形网格高低耳壶

衣，个别的还有白色陶衣。主要纹饰有：四大圆圈纹、变体神人纹、波折纹、回形纹、卦形纹、菱格纹、三角纹等，其中四大圆圈纹和变体神人纹为马厂类型的重要特征。

马厂中期彩陶壶数量大增，双耳彩陶罐减少，彩陶壶变得瘦高，颈部加长，下腹内收，主要纹饰为四大圆圈纹和变体神人纹。马厂晚期纹饰趋于简化，施红色陶衣，以黑色波折条带纹为主。

马厂类型的彩陶上还出现了大量的墨绘符号，一般绘制在器物的下腹部无纹饰处，常见的有"〇""✕""卍""十""一"等形状，这些符号可能是氏族部落的记号，也可能是文字的前身。

这一时期，彩陶文化开始走下坡路，虽然彩陶的出土量很大，但器形不规整，制作粗糙，纹饰简单，已难以同半山类型鼎盛期相比。

精品赏析

（1）神人纹鸟形彩陶壶

高15.8厘米，口径5.8厘米，底径6.6厘米，1955年兰州市华林坪出土，甘肃省博物馆藏。泥质黄陶，器身扁圆，口偏向一侧。施黑、红彩，口内绘垂弧纹，腹部用黑红彩绘变体神人纹和大圆圈纹。造型别致，风格奇特。

（2）变体神人纹彩陶罐

高44厘米，口径19.8厘米，底径11厘米，1975年兰州市土谷台出土，甘肃省博物馆藏。土黄陶。施黑、红彩，口内绘一圈红色带纹和黑色折线纹，颈部绘折角纹，肩腹部绘两组变体神人纹和大圆圈纹，空白处填黑点纹。变体神人纹是马厂类型彩陶的独特纹饰，具有明显的时代特征。

（3）肢爪纹彩陶壶

第三章 冠绝华夏——甘肃彩陶

神人纹鸟形彩陶壶

变体神人纹彩陶罐

高 39.5 厘米，口径 13 厘米，底径 10 厘米，1963 年永靖县出土，甘肃省博物馆藏。土黄陶。施黑、红彩，口沿内绘一圈带纹，颈部绘阴地连珠纹，腹部绘肢爪纹和两大圆圈纹。肢爪纹是神人纹发展到晚期的变体和简化表现。

（4）四大圆圈纹彩陶罐

高 49 厘米，口径 15 厘米，底径 12.5 厘米，1956 年永靖县楚家岭出土，甘肃省博物馆藏。泥质橙红陶。施黑、红彩，口内绘一圈带纹和连弧纹，颈部绘菱格纹，肩腹部用黑、红两色绘二方连续的四大圆圈纹，圆圈内填平行斜条纹间勾点纹。腹中部绘黑色带纹和一圈水波纹。四大圆圈纹，显示了马厂类型彩陶的独特风格。

（5）折线纹筒状彩陶杯

肢爪纹彩陶壶

四大圆圈纹彩陶罐

折线纹筒状彩陶杯

高 13.4 厘米，口径 6 厘米，底径 6.1 厘米，1973 年永昌县鸳鸯池出土，甘肃省博物馆藏。土黄陶，单耳高于口沿。在红色陶衣上施黑彩，口沿内绘一圈垂弧纹，耳上绘平行线纹，杯身绘复道三角折线纹和平行带纹。

（6）变体神人纹单耳杯

第三章　冠绝华夏——甘肃彩陶

高 12.3 厘米，口径 10 厘米，底径 9.7 厘米，1973 年永昌县鸳鸯池出土，甘肃省博物馆藏。土黄陶，单耳高于口沿，下腹部有一突錾。在浅红色陶衣上施黑彩，口沿内绘阴地波纹，口沿外绘大锯齿纹和弦纹，腹部运用对称格式，绘阴地变体神人纹，内填网纹，这是变体神人纹的晚期表现形式。

变体神人纹单耳杯

（7）条纹鸟形彩陶罐

高 16.9 厘米，口径 6 厘米，底径 11 厘米，1985 年甘肃省出土，甘肃省博物馆藏。橙黄陶。通体施黑彩，绘平行线条纹。造型别致、敦厚，纹饰简单大方，是一件不可多得的原始工艺品。

条纹鸟形彩陶罐

（8）圆圈纹双耳彩陶罐

高 11.8 厘米，口径 7 厘米，底径 7 厘米，1996 年兰州市杏核台出土，甘肃省博物馆藏。橙红陶。施红、黑彩，口沿内绘红色带纹和复线垂弧纹一周，颈部绘阴地圆圈纹，肩部绘红色带纹，腹部在两条黑色带纹之间绘二方连续的八圆圈纹，内填网线纹。

（9）网纹提梁彩陶铃

圆圈纹双耳彩陶罐

133

网纹提梁彩陶铃

高11.4厘米，底径4.8厘米，1956年皋兰县糜地岘出土，甘肃省博物馆藏。橙黄陶，器形呈权状，上有用于系挂的环钮，中空，内置数粒小陶丸或石子，通体施黑彩，腹部绘五组网纹，底部绘十字折线纹。器形独特，线条粗放、流畅。为马厂时期的摇响乐器或儿童玩具。

（10）变体神人纹彩陶壶

高46厘米，口径18.9厘米，底径11.5厘米，1956年甘肃省出土，甘肃省博物馆藏。土黄陶。施黑、红彩，口沿内、颈部绘折角纹，肩腹部用红、黑复彩绘两组变体神人纹，神人纹之间用大圆圈相隔。

（11）折带圆点纹彩陶壶

高16.3厘米，口径7.9厘米，底径8厘米，1955年兰州市白道沟坪出土，甘肃省博物馆藏。橙黄陶，耳面饰一道堆塑纹。施黑、红彩，口沿内绘垂弧纹，颈部绘折角纹，腹部绘黑、红相间的三角折带纹，间以圆点纹。

变体神人纹彩陶壶

折带圆点纹彩陶壶

第五节　青铜时代的彩陶文化

齐家文化

1. 考古发现和分布范围

因最早在甘肃省广河县齐家坪发现而得名。1924年由安特生首先发现，他在《甘肃考古记》中，错误地将齐家文化排在仰韶文化之前、六期之首，称为齐家期。1945年夏鼐先生在广河县阳洼湾发掘两座齐家文化墓葬，墓内出土了年代比它早的马家窑文化彩陶片，证明齐家文化晚于马家窑文化。1957年在临洮马家窑、瓦家坪、天水西山坪、渭源寺坪等遗址都发现马家窑文化叠压在齐家文化之下的地层关系，进一步证实齐家文化的相对年代晚于马家窑文化。

1947~1948年裴文中先生等在瓦家坪遗址首次发现齐家文化的白灰面房屋等遗迹。1957年在武威皇娘娘台遗址首次发现齐家文化的红铜器，说明齐家文化已迈入青铜时代的门槛。

1959~1960年在永靖大何庄和秦魏家遗址，发掘了齐家文化的聚落遗址和较完整的氏族公共墓地。截至目前，在甘肃境内共发现齐家文化遗址650余处，出土了大量的生产、生活遗物，为研究齐家文化的经济生活、社会性质和埋葬习俗等提供了丰富的实物资料。

齐家文化的分布范围较广，主要在东起泾、渭河流域，西至湟水流域，南抵白龙江流域，北达内蒙古西南部的甘肃、宁夏、青海东部地区，分布非常广泛，共发现齐家文化遗址1100多处，距今4000年左右。齐家文化遗址已发掘的主要有：永靖大何庄、秦魏家、张家嘴，武威皇娘娘台，广河齐家坪、阳洼湾，青海贵南尕马台、乐都柳湾等。

在马家窑文化衰退的同时，齐家文化开始兴起，并取而代之。齐家文化分布地区比马家窑文化广泛，文化内涵十分丰富，是黄河上游地区新石器时代至青铜时代早期的文化，展现了这一地区原始氏族公社解体和文明曙光阶段的社会生产水平，以及社会形态急剧变化的状况，并反映了东西方文化交流的早期情况。

2. 文化特征

齐家文化开始大量出现青铜工具、装饰品和骨制工具、玉器。出土了迄今为止年代最早的铜镜，铜器的种类还有斧、刀、匕、镰、锥、环、钏、泡等。出土铜器的遗址有：武威皇娘娘台，临夏大何庄、秦魏家、齐家坪、新庄坪和青海贵南尕马台等遗址，到目前为止出土铜器近百件。大量出土的铜器说明，齐家文化晚期已过渡到青铜时代。

铜器有红铜和青铜两类，制作方式有锻造也有铸造。铜器的大量出现是齐家文化的一个重要特征。出土的铜器多为小件工具和装饰品，表明当时的铜器制作是一种小规模、简单的家庭作坊。陶器独具特色，制陶业比较发达，各遗址都出土大量的陶器，种类繁多，有泥质红陶、灰陶和夹砂红陶。多手制，轮制较少。齐家文化受龙山文化的影响较大，陶质细腻，陶器较小，多素陶，器型丰富，有罐、盆、碗、豆、鬲、盉、斝和动物形器物，其中最具时代特征的是双大耳罐、三大耳罐和双耳侈口高领罐。彩陶数量极少，种类也很少，这一时期彩陶文化已显著衰落。所出现的彩陶，均以红褐色绘制纹饰，纹饰简单，以菱形网纹和三角纹及其变化纹样为主，图案简单疏朗。

齐家文化的聚落遗址一般都选择在便于人们生活的河边台地上。房屋大多是方形和长方形半地穴式建筑，屋内多有白灰面构筑的居住面，房屋中间有一圆形灶，门道大多向南。白灰面房子是齐家文化建筑技术的一个突出特点。

齐家文化的墓地多是成片或成排埋葬的，形制以长方形竖穴土坑墓为主，还有"凸"字形墓和圆坑葬。葬具有木棺、独木棺和垫板等。葬式有单人葬和合葬，单人葬有仰身直肢葬、俯身葬、二次葬、屈肢葬、侧身葬和瓮棺葬等。合葬墓有成年男女合葬、成人与儿童合葬、成人与婴儿合葬及多人合葬等。随葬品除陶、石、骨器外，还有卜骨和铜器。齐家文化中随葬品种类和数量存在明显的差别，而且有的差别很大，说明当时已出现贫富分化。

齐家文化的石器制作水平有了很大提高，除了选用了硬度较高的石料制作石器外，还大量使用玉器。在钻孔技术方面，采用了比较先进的双面钻。璧、琮等礼仪性、宗教性玉器的大量出现，表明其社会发展已临近文明时代。

西北地区自然条件复杂多样，在史前时期，产生过发达的农耕经济文化。后来由于气候的变化，北方高纬度地区的天气变冷，生活在那里的游牧民族南下，致使所到之处也产生了典型的畜牧经济文化。游牧民族的南下，也极大地促进了地区间的文化交流。

齐家文化反映出农业文明与游牧文明相互影响、相互融合的社会状况。它因处于东西方文化的交汇区，文化内涵十分丰富。从出土的器物可以看出，陶器中的细泥红陶双大耳器受黄河下游龙山文化的影响较大，而夹砂圜底器又流露出游牧生活的气息，从出土铜器的造型和合金成分又能看出其与中亚地区有较密切的联系。

齐家文化遗址还发现圆圈状列石遗迹，联系附近出土的卜骨等遗物看，这应是举行某种宗教活动的场所。

3. 源头和分期

关于齐家文化的渊源，目前还存在不同的看法，有人认为齐家文化是马厂类型的继续和发展；有人认为是马家窑文化的继续与发展；有人认为是独立发展而成；有人认为马家窑文化发展到马厂类型后分为东西两支往后发展，一支发展为河西的四坝文化，一支发展为齐家文化。根据出土资料看，我们认为最后一种说法比较客观。

4. 重要遗址

齐家坪遗址

位于临夏回族自治州广河县排子坪乡园子坪村洮河西岸齐家坪。东西长约300米，南北宽约400米，文化层厚0.5~2米。遗存丰富，遗址断层中暴露有白灰居住面、灰层等。1975年发掘，共清理墓葬117座、房址两座和多处灰坑，出土有陶器、石器、玉器、骨器等器物千余件，以陶器为主，其中出土的一件铜镜，被视为我国目前出土最早的铜镜。所清墓葬中有8人合葬墓和13人合葬墓，中间为一男一女仰身直肢，其余为人殉。

遗物以泥质和夹砂红陶为主，少量为灰陶，彩陶很少见。器表素面或饰篮纹、绳纹及附加堆纹等。陶器多为侈口垂腹罐、双耳罐、双耳高颈瓶，并有少量的鬲、素陶盆、折唇尊、壶形器和陶纺轮。石器有打制的盘状器、缺口刀以及特大的盘状敲砸器，磨制石器有斧、刀、锛、凿，还出土有玉璧、玉琮、陶、石纺轮等，骨器常见有锥、针、刀、镞、纺轮等，石、骨器制作精细。

大何庄遗址

位于永靖县莲花城西南，面积5万多平方米。1959年中国社科院考古研究所甘肃工作队进行了两次发掘，揭露面积1589平方米。发现白灰面房屋和房基7座，窖穴15个，墓葬82座和用天然扁平砾石排列的圆圈状列石遗迹5处，圆圈状列石直径约4米，附近出有牛羊骨骼和卜骨等。出土物以陶器为主，还有石器、骨器、铜器等。陶器除了常见的双大耳罐、侈口罐和高领罐外，还有陶铃和动物形钮器盖。大何庄遗址发现的房屋和白灰面等建筑遗存比较重要，为研究齐家文化的房屋结构型式提供了实物资料。

秦魏家遗址

位于大何庄遗址西边，面积约3万平方米。1959~1960年中国社科院考古研究所甘肃工作队进行了两次发掘，揭露面积1011平方米，发现窖穴73个，圆圈状列石遗迹1处，墓葬138座。出土物以陶器为主，还有石器、骨器、铜器和装饰品等。陶器常见的有双大耳罐、豆、盆侈口罐和高领双耳罐。铜器有红铜和青铜两类，器型有铜环、铜锥、小铜斧和铜饰。秦魏家遗址是齐家文化规模最大、保存最好的一处氏族公共墓地，为研究齐家文化的葬俗等方面提供了重要的资料。

皇娘娘台遗址

位于武威市西北约2.5公里的新鲜乡邱家庄，面积约12.5万平方米，1957年发现。这是一处单纯的齐家文化遗址，内涵丰富。1957~1959年进行了三次发掘，1975年进行了第四次发掘。共揭露面积950平方米，发现房基6座，窖穴65个，墓葬88座。出土物有生产工具、生活用具、装饰品、卜骨和大量的玉、石璧等700余件。生产工具以石器为主，多通体磨光，器形规整，刃部锋利，制作技术有了很大的提高。陶器以手制为主，器形规整，器壁薄而均匀，最富有文化特征的是双大耳罐和双耳侈口高领罐，彩陶很少，纹饰以菱形纹和三角折线纹为主。出土铜器30多件，多小型工具，器型有刀、锥、钻、凿、环等。铜器的大量出现，说明当时的生产力有了很大的提高。

皇娘娘台发掘的重要意义是首次发现了成年男女合葬墓和出土了大量的铜器等遗物。

柳湾遗址

位于青海省乐都县高庙乡柳湾村湟水北岸。是一处大型的氏族公共墓地，包括半山类型、马厂类型和齐家文化、辛店文化等遗存。1974~1978年由青海省文物考古队、中国社科院考古研究所和北京大学进行了多次发掘。清理齐家文化墓葬366座，随葬器物以陶器为主，有泥质红陶、夹砂红褐陶和泥质灰陶，常见的器型有碗、盆、杯、壶、侈口罐、双大耳罐和高领罐，还有盉、带流罐和彩陶罐。柳湾的彩陶器型比较单一，一般只有壶、盆和双耳罐。彩陶用黑彩和紫红彩，纹饰以几何形图案为主，多平行条纹、波折纹和三角形网纹等。柳湾与其他齐家文化遗址不同，彩陶数量较多，更能明显地反映出与马厂类型的继承关系。柳湾遗址还首次发现了齐家文化结构清晰的木构葬具痕迹。

精品赏析

复道三角纹圜底双耳彩陶罐

（1）复道三角纹圜底双耳彩陶罐

高22厘米，口径10厘米，1976年兰州市八里窑出土，甘肃省博物馆藏。夹砂橙黄陶。通体施紫红彩。口沿内外各绘一圈倒三角网纹，耳部绘折带纹，腹部两面分层绘复道三角纹，各层之间用平行线分隔，腹两侧绘菱形网纹。图案皆由平行线条组成，繁缛而不乱。

(2)菱格折带纹双耳彩陶罐

高20.5厘米,口径9.3厘米,底径8.4厘米,1977年古浪县出土,古浪县博物馆藏。泥质橙黄陶。腹部有一对小乳突,肩部有一周等距离的六个小凹槽,原镶有绿松石,现已脱落。通体施浅红色陶衣、黑彩,颈部绘菱形网纹,腹部两面绘复线菱格纹,两侧绘折带纹,是齐家文化彩陶的典型纹饰之一。

菱格折带纹双耳彩陶罐

(3)平行线纹彩陶罐

高10.8厘米,口径6.8厘米,底径4.5厘米,1996年广河县排子坪出土,甘肃省博物馆藏。夹砂土红陶。施紫红彩,颈内绘三角菱格纹,通体绘弦纹。

平行线纹彩陶罐

(4)对三角纹双耳彩陶罐

高11.8厘米,口径6.2厘米,底径5.5厘米,1971年甘肃省出土,甘肃省博物馆藏。泥质土黄陶,腹部有对称的小乳突,肩部有一周等距离的镶物凹槽。施黑彩,口沿内绘竖线纹,颈部绘菱形纹,耳上绘平行线纹,腹部绘三角折带纹,间对三角纹和平行线纹。

对三角纹双耳彩陶罐

（5）对三角纹贯耳彩陶罐

高 7 厘米，口径 6 厘米，底径 5.5 厘米，1957 年武威皇娘娘台出土，甘肃省博物馆藏。泥质橙黄陶，腹部有对称的两贯耳。施紫红彩，口沿内绘三组竖短线纹，腹部绘四组对三角纹，其中三组为对三角网纹，一组为斜十字纹。

（6）复道交叉线纹单耳罐

高 12.4 厘米，口径 8.4 厘米，底径 5.2 厘米，1998 年广河县祁家集出土，甘肃省博物馆藏。土黄陶。施红彩，颈部绘三角纹和弦纹，腹部绘交叉平行线纹。

对三角纹贯耳彩陶罐

复道交叉线纹单耳罐

（7）三角线纹双耳彩陶罐

高 14.5 厘米，口径 8.4 厘米，底径 6 厘米，1998 年广河县祁家集出土，甘肃省博物馆藏。橙黄陶，腹部饰有对称的四鋬。通体施红彩，口沿内绘红色倒三角纹，口沿外绘倒三角网纹，腹部绘三角纹、平行线纹、弦纹和圆点纹。

（8）复道三角纹小口彩陶罐

高 18 厘米，口径 5.2 厘米，底径 5.4 厘米，1973 年广河县祁家坪出土，甘肃省博物馆藏。泥质土黄陶，通体施紫红彩。颈部绘一圈倒三角网纹，腹部分两层绘复道三角纹，各层之间用平行线分隔。

三角线纹双耳彩陶罐　　　　　复道三角纹小口彩陶罐

（9）宽带纹鸟形器

高 8.5 厘米，长 13.3 厘米，1998 年广河县祁家集出土，甘肃省博物馆藏。夹砂橙黄陶。颈、背部施红彩。造型新颖，纹饰简洁。

宽带纹鸟形器

四坝文化

1. 考古发现和分布范围

因首先发现于甘肃省山丹县四坝滩而得名。四坝滩遗址发现较早，1948年山丹培黎学校在四坝滩农场修筑水渠时发现，1956年黄河水库考古队对遗址进行了调查，采集了一批遗物。后来安志敏先生提出应以四坝文化命名。1976年甘肃省博物馆文物工作队对玉门火烧沟进行了发掘。1987年甘肃省考古研究所与北京大学、吉林大学考古系联合对酒泉干骨崖、民乐东灰山遗址进行了发掘，对四坝文化的内涵和分布有了新的认识。

四坝文化主要分布在甘肃省河西走廊地区，东起山丹，西至安西一带。年代相当于夏代。经大规模发掘的遗址有玉门火烧沟、酒泉干骨崖和民乐东灰山等。

2. 文化特征

四坝文化内涵丰富，独具特色，与其他文化的差别较大。陶器质地较粗，多为夹砂陶，器型多样，以罐、壶为主，四耳带盖罐、腹耳壶是代表器物，有的造型较奇特，彩陶豆、方鼎陶埙有着强烈的地方风格。彩陶均施紫红色陶衣，用黑、褐红彩绘制花纹，彩绘浓重，有凸起感，纹饰有三角纹、折线纹、回纹和圆点纹等。

四坝文化的墓葬形制因地而异。火烧沟多为长方形竖穴偏洞墓，有单侧的生土二层台，葬式以仰身直肢单人葬为主。东灰山多为圆角长方形和长椭圆形竖穴土坑墓，多有头龛、脚龛或侧龛，无葬具，流行乱骨葬。干骨崖多为长方形竖穴土坑积石墓，无龛，部分有木质葬具，流行乱骨葬和多人合葬。

出土铜器数量、种类较多，有红铜和青铜，也发现了砷铜。铜器大部分为铸造而成，火烧沟出土的一件四羊铜杖首为分铸制造，这是我国目前发现最早的分铸铜器。从出土的铜器看，当时的冶铜专业人员已掌握了采矿、冶炼、制造和铸造成型等生产工艺。

精品赏析

（1）手纹羊头柄彩陶方杯

高 5.1 厘米，口径 4.5 厘米，底径 3.3 厘米，1976 年甘肃省玉门市清泉乡火烧沟出土，甘肃省博物馆藏。夹砂红陶，杯呈斗形，施褐彩，绘手形纹。

（2）内彩变体蜥蜴纹彩陶豆

高 9.6 厘米，口径 17.7 厘米，底径 8.1 厘米，1976 年甘肃省玉门市清泉乡火烧沟出土，甘肃省博物馆藏。

手纹羊头柄彩陶方杯

内彩变体蜥蜴纹彩陶豆

（3）圆点纹鹰形彩陶壶

高 7.8 厘米，长 10 厘米，1976 年甘肃省玉门市清泉乡火烧沟出土，甘肃省博物馆藏。夹砂红陶，器形呈鹰形，壶口位于鹰背，口沿有两个小孔。

通体施褐彩,绘圆点纹。

(4) 人足形彩陶罐

高 11 厘米,口径 4.4 厘米,底径 3.3 厘米,1976 年甘肃省玉门市清泉乡火烧沟 84 号墓出土,甘肃省考古研究所藏。夹砂红陶,施黑彩,颈部绘两组平行线纹,腹部绘菱形网纹,足部绘三角折线纹。

圆点纹鹰形彩陶壶

人足形彩陶罐

四耳带盖彩陶罐

(5) 四耳带盖彩陶罐

高 24.5 厘米,口径 8.6 厘米,底径 13.4 厘米,1976 年甘肃省玉门市清泉乡火烧沟 269 号墓出土,甘肃省考古研究所藏。夹砂红陶,肩腹部有对称的四耳,盖上有双戟形钮。通体施红色陶衣,在陶衣上用黑色绘三角折带纹。

（6）三角纹双大耳彩陶罐

高8.5厘米，口径7.7厘米，底径3厘米，1976年甘肃省玉门市清泉乡火烧沟115号墓出土，甘肃省考古研究所藏。泥质红陶，施黑彩，口沿内绘网纹，颈部绘复道三角纹，耳上和腹部一周粘有绿松石片。

三角纹双大耳彩陶罐

（7）舞蹈纹彩陶罐

高10.3厘米，口径7厘米，1976年甘肃省酒泉市丰乐乡干骨崖出土，甘肃省考古研究所藏。泥质红陶，通体施红色陶衣，在陶衣上绘黑色花纹，腹部绘六组人形舞蹈纹，每组三人。

舞蹈纹彩陶罐

（8）网纹彩陶埙

长9厘米，最大径6.5厘米，1976年甘肃省玉门市清泉乡火烧沟出土，甘肃省考古研究所藏。泥质红陶，施黑彩，绘网纹。

网纹彩陶埙

（9）三角纹带盖彩陶罐

高16厘米，口径5厘米，甘肃省民乐县东灰山出土，甘肃省考古研究所藏。泥质红陶，施红褐彩，绘阴地三角纹。

（10）长方形三角纹彩陶盒

长17厘米，宽6.5厘米，高10厘米，甘肃省民乐东灰山出土，甘肃省考古研究所藏。泥质红陶，施红褐彩，绘阴地三角折线纹。

三角纹带盖彩陶罐　　　　　　长方形三角纹彩陶盒

辛店文化

1.考古发现和分布范围

因首先发现于甘肃省临洮县辛店而得名，1924年瑞典考古学家安特生在甘肃境内进行考古调查时，根据他的"六期说"，提出辛店期文化遗存晚于马厂期，早于沙井期。

1947年裴文中先生等人对洮河、大夏河下游进行调查时发现辛店文化遗存9处。1956年考古工作者在刘家峡水库库区调查时，发现辛店文化遗址86处。近60多年来，我国考古工作者对辛店文化遗存进行过多次调查、发掘，已发现辛店文化遗址350多处，其中重要的遗址有甘肃永靖张家嘴、姬家川、莲花台，青海民和核桃庄小旱地遗址等。

辛店文化分布范围广泛，东起陕西宝鸡，西至青海共和。在黄河上游及其支流渭河上游、洮河、大夏河和湟水流域均有分布。距今约3000年，相当于商周时期。是甘青地区的青铜时代文化。

2. 文化特征

辛店文化是西北地区一支重要的文化遗存，其经济生活以畜牧业为主，兼营农业。铸铜业有较大的发展，器型有锥、矛、匕、凿和铜泡等。陶器以夹砂红褐陶为主，掺有石英砂、碎陶末、蚌壳末和云母片等羼和料，陶质粗糙、疏松，火候较低，器表多磨光，有的施红色或白色陶衣。器型以罐为主，另有鬲、盆、杯、鼎、豆、盘等。彩陶的数量较多，彩与陶胎结合不紧密，易脱落。多圜状凹底器，主要器型有罐、盆、鬲、盘、钵、杯。纹饰别具一格，笔道粗犷，以双钩纹、S纹、太阳纹、三角纹为主，还有少量的动物纹——犬纹、羊纹、鹿纹、蜥蜴纹等。彩陶反映出畜牧生活的特色。

辛店文化的聚落遗址多位于河谷两岸的台地上。房屋形制较单一，多为长方形半地穴式建筑，门道设在西边，呈斜坡状，在居住面中间有一圆形灶。

辛店文化的墓葬，形制主要是长方形竖穴土坑墓，还有长方形竖穴偏洞墓和近似椭圆形或三角形的不规则形墓。葬式多样，有仰身直肢葬、屈肢葬、侧身直肢葬、俯身葬、二次葬等。随葬品以陶器为主，还有铜器、装饰品等。辛店文化还流行随葬动物的习俗，有牛、羊等，但不是完整的随葬，而是动物躯体的某一部分，摆放在人的头部上方。辛店文化还发现有殉葬墓，这种现象说明辛店文化时期已进入奴隶社会。

辛店文化分山家头类型、张家嘴类型和姬家川类型三个发展阶段。早期遗存主要分布于黄河、洮河、湟水的交汇地带，晚期遗存分布面偏西，逐步深入到湟水中上游地区。

3. 重要遗址

山家头遗址

位于青海省民和县核桃庄山家头，1980年5~7月青海省文物管理处考古队对其进行了发掘，清理山家头墓葬33座，形制以长方形竖穴土坑墓为主，出土陶器69件，还有一些石、骨器等。陶器一般为双耳罐、钵、壶、单耳罐等，多圜底，口沿一般饰附加堆纹，器表为细绳纹。彩陶为黑彩或黑褐彩，纹饰有三角纹、回纹等。山家头墓地的发掘，证明它早于姬家川类型，晚于齐家文化，填补了甘青地区考古学文化之间的一个缺环，为进一步研究这一地区文化类型的关系提供了一批重要的材料。

张家嘴遗址

位于永靖县西南20公里的莲花城北，遗址处在黄河南岸，面积约二万平方米，是一处保存较好的古代聚落遗址。1956年黄河水库考古队在这里普查时，发现了辛店文化层叠压在齐家文化层之上，证明了辛店文化的年代晚于齐家文化。1958~1959年中国社会科学院考古研究所甘肃工作队对遗址进行了两次发掘，揭露面积995平方米，发现了齐家文化与张家嘴类型的遗迹、遗物。

陶器以夹砂红陶为主，多平底器，有圈足器、三足器和圜底器，未见凹底器。有少量的泥质灰陶，多素陶，彩陶较少。器型丰富，以高领双耳罐、折腹盆、矮足双耳罐为主，还有三足鬲、豆等。陶器均为手制，陶质粗糙，表面往往施有一层白色或红色陶衣。素陶多装饰附加堆纹、绳纹、划纹。彩陶多以黑彩或紫红彩绘制花纹，纹饰以连续回纹、双钩纹、菱格纹、S形纹、太阳纹和宽带纹为主。出土的铜器为青铜，器型有铜锥、铜矛等。

此时冶铜工艺有了进一步的发展。

姬家川遗址

位于永靖县白塔乡姬家川东黄河西岸的台地上,面积约一万平方米。1960年中国社会科学院考古研究所甘肃工作队对遗址进行了发掘。揭露面积675平方米。发现房屋1座,窖穴11个,墓葬1座和石、骨、陶器等遗物。重要的收获是发现了辛店文化的房子,这是一半地穴式的长方形建筑,保存较好。出土物中陶器最多,带有明显的特征。器形以凹底器为主,三足器、圜底器次之,平底器较少,出现了少量的马鞍口双耳罐。彩陶图案的线条匀称,纹饰主要有回纹、双钩纹、S形纹、曲折纹、宽带纹以及犬纹等。

莲花台遗址

位于永靖莲花村东南部,1959年进行了发掘,揭露面积890平方米。发现辛店文化房子1座,窖穴219个,墓葬3座,出土了一些石、骨、陶、铜器等遗物。包含有张家嘴和姬家川两个类型,为研究辛店文化提供了比较丰富的资料。

精品赏析

(1)双钩纹单耳彩陶鬲

高9.5厘米,口径10.5厘米,1959年临洮寺洼山出土,甘肃省博物馆藏。夹砂土黄陶。施黑彩,口沿外绘平行带纹,三袋足上部绘双钩纹,下部绘折带纹,内侧绘十字纹。

双钩纹单耳彩陶鬲

(2)兽首人身纹彩陶壶

高41.7厘米,口径14.2厘米,底径11.5厘米,1974年东乡族自治县祁杨村盐场遗址出土,甘肃省博物馆藏。夹砂土黄陶。施黑彩,口沿外绘宽带纹,颈部绘二方连续回形纹,在壶肩部两面的双钩纹之间各绘一兽首人身纹,反映了当时人们对犬的崇拜。是辛店文化彩陶中的精品。

(3)变体鸟纹彩陶壶

高29.5厘米,口径15.5厘米,底径6.5厘米,1998年甘肃省出土,甘肃省博物馆藏。夹砂土黄陶,凹底。在白色陶衣上施黑、红彩,颈部在红色宽带纹上绘复道三角纹,肩部绘鸟纹(6只),并在红色宽带纹上绘复道

兽首人身纹彩陶壶

变体鸟纹彩陶壶

蜥蜴纹彩陶罐

三角纹,腹部绘竖线纹和S形纹。鸟纹呈起飞状,形象生动。

(4)蜥蜴纹彩陶罐

高15.2厘米,口径9.3厘米,广河县出土,甘肃省博物馆藏。夹砂土黄陶,凹底。在白色陶衣上施黑、红彩,颈部在红色宽带纹上绘复道三角纹和平行线,腹部绘四组向上爬

行的蜥蜴纹,间隔以红色竖带,竖带上绘三角折线纹。蜥蜴形象简洁,动感强烈。

(5) 旋纹鸟纹单耳彩陶小罐

高 7.6 厘米,口径 4.3 厘米,底径 3 厘米,1986 年临夏县积石山出土,甘肃省博物馆藏。泥质红陶。在红色陶衣上施黑彩,口沿内绘锯齿纹,颈部绘三角纹,肩部绘鸟纹,腹部绘二方连续旋涡纹。图案生动,线条流畅。

旋纹鸟纹单耳彩陶小罐

(6) 双钩太阳纹彩陶罐

高 23.8 厘米,口径 11.8 厘米,底径 7 厘米,1987 年甘肃省出土,甘肃省博物馆藏。夹砂土黄陶。在白色陶衣上施黑、红彩,颈部在红色宽带纹上绘复道三角纹和平行线纹、菱形纹,上腹部绘红底黑线双钩纹、太阳纹和花草纹,下腹部绘竖线纹和 S 形纹。图案繁缛,散发出草原生活的气息。

双钩太阳纹彩陶罐

(7) 涡纹双大耳罐

高 30.6 厘米,口径 16.9 厘米,底径 7.5 厘米,1985 年甘肃省出土,甘肃省博物馆藏。夹砂橙黄陶。在

涡纹双大耳罐

双钩太阳纹带流罐

浅红色陶衣上施黑、红彩,颈部绘红色宽带纹和菱形纹,上腹部绘二方连续旋涡纹,下腹部绘S形纹。

(8)双钩太阳纹带流罐

高37.8厘米,口径13厘米,底径11.5厘米,1959年临洮辛店出土,甘肃省博物馆藏。夹砂土黄陶,肩部带一小流。在白色陶衣上施黑彩,口沿绘宽带纹、平行线纹和水波纹,颈部绘回形带纹,肩部绘两组大双钩纹和太阳纹。图案简洁,具有鲜明的地方文化特色。

寺洼文化

1. 考古发现和分布范围

寺洼文化因在甘肃省临洮县寺洼山首先发现而得名。1924年安特生在寺洼山遗址发现了史前时期的8座墓葬,出土了一批以马鞍口陶罐为特点的文化遗物。1925年,他在《甘肃考古记》一书中,把在寺洼山发现的文化遗存划入甘肃远古文化六期中的第五期"寺洼期"。

1945年,夏鼐先生在寺洼山遗址正式发掘了6座墓葬,于1949年发表了发掘报告《临洮寺洼山发掘记》一文,把该遗址出土的文化遗存正式命名为寺洼文化。并根据发现的火葬墓材料和古文献记载,首次提出寺洼文化为古羌族的遗留。1947年裴文中先生在寺洼山遗址又清理出一座寺洼文化墓葬,出土陶器7件,有3件为马鞍口双耳罐。

1955年,陕西省文物管理委员会在凤县龙口村郭家滩发现马鞍口双耳罐。这是陕西境内首次发现寺洼文化。1956年黄河水库考古队在临洮辛店村石家坪发现寺洼文化的墓地一处。1957年甘肃省文物管理委员会在洮河流域再次调查,发现寺洼文化的遗址和墓地6处。1958年在平凉市安国镇清理一座墓葬,出土罐、壶、豆、鬲等陶器20多件。这批陶器的形制有其独自的特点,故把它命名为"安国式陶器"。不久,在庆阳市石桥村、平凉安国东沟遗址发现马鞍口双耳陶罐等陶器。另在武山县盐井乡阴洼发现寺洼文化墓地一处。1962年在庄浪县川口柳家村清理寺洼文化墓2座。1974年长江流域规划办公室考古队在白龙江流域进行考古普查,发现寺洼文化遗址5处、安国类型遗址10处。1976年宝鸡市博物馆清理宝鸡竹园沟一号西周墓时发现一件双马鞍口双耳陶罐。1980年中国社会科学院考古研究所在庄浪县徐家碾发掘寺洼文化墓葬104座,出土各类文化遗物2000多件。

1981年,中国社会科学院考古研究所对天水地区所辖的各县进行考古普查,发现了诸多的史前文化遗址,属于寺洼文化的有西和县红旗乡栏桥村遗址,采集了双马鞍口双耳罐等遗物。1982年甘南藏族自治州博物馆对卓尼县苞儿遗址进行试掘,发现寺洼文化窑穴2个。同年,甘肃省博物馆文物工作队对栏桥遗址进行了发掘,发现寺洼文化墓葬9座,出土陶器和铜器等遗物200余件。1983年岷县文化馆在洮河两岸发现中寨乡红崖村和荣埠乡姚庄等4处寺洼文化遗址。1984年北京大学考古学系在合水县发掘寺洼文化墓葬80座,出土陶器700余件,铜、石、骨器小件器物300多件。

寺洼文化主要分布在泾水、渭河、西汉水、洮河等流域。除宝鸡、凤县等少数遗址外,皆分布在甘肃省境内,东起合水县,西至卓尼县,北达庆阳市,南抵武都县。经过多年来的考古普查,发现寺洼文化遗址和墓地共30多处。经正式发掘的有临洮寺洼山、西和栏桥、庄浪徐家碾和合水九站等。这些地点除九站发现建筑遗址外,其他地点都仅发现墓葬。据不完全统计,共发现寺洼文化房址3座、陶窑4座、墓葬200多座,出土遗物3000余件。

2. 文化特征

寺洼文化的特征明显，主要表现在以下几个方面：

1. 陶器的形态独具风格。以马鞍口双耳罐为代表的器物有别于其他任何一种考古学文化遗存，并与伴出的鼎形三足器、袋足鬲、腹耳罐、豆和器盖等组合成陶器群。

2. 有石斧、镜、刀、陶纺轮、弹丸等生产工具。

3. 有铜刀、戈、镞、矛、剑、戟等武器和铃、泡、锡等装饰品。

4. 墓葬形制流行长方形竖穴土坑墓，葬式有仰身直肢葬、二次扰乱葬和火葬等多种。

关于寺洼文化的相对年代，在武都下郭家坪遗址发现寺洼文化墓葬打破齐家文化层的地层叠压关系，说明寺洼文化的相对年代要晚于齐家文化，而与辛店文化相若，略早于西周。九站、徐家碾、栏桥等遗址采集的木炭和人骨标本共7件，经碳14年代检测法测定，其绝对年代为公元前1400~前700年，经历了700年的发展历程，在年代上相当于商末至西周晚期。

沙井文化

沙井文化的彩陶构图多分层排列，各层之间用平行线分隔，使图案显得繁而不乱、有条不紊。沙井文化这些富有特色的器型和纹样，反映出草原游牧民族的生活方式。

1. 考古发现和分布范围

沙井文化是西北地区的青铜时代文化。1923年首先在甘肃省民勤县沙井发现而得名。1923年安特生在河西走廊进行考察时发现，之后在1924年在沙井村附近发掘了柳湖墩遗址。由于当时已知它有铜器出土，所以安特生将它列为甘肃远古文化"六期"之末，称为沙井期。

第三章 冠绝华夏——甘肃彩陶

1948年裴文中先生带领西北地质考察队赴甘肃、青海考察，调查了民勤柳湖墩、沙井东和永昌三角城等遗址，新发现了一些遗址和陶器等遗物，并首次提出以沙井文化命名。1979~1981年永昌三角城大批沙井墓和遗址的发掘，1980年永登榆树沟沙井墓的发掘，深化了我们对沙井文化的认识。

沙井文化距今2900~2400年，相当于西周晚期到战国早期，是河西走廊青铜时代晚期至铁器时代早期遗存。分布在河西走廊东北部的民勤、金昌、天祝和永昌县等地，民勤沙井子至金昌三角城一带是它的中心区域。

2. 文化特征

文化内涵十分丰富，遗物有彩陶、石器、铜器和铁器等。陶器以夹砂红褐陶为主，陶质较粗糙，均为手制，器形较小，多为单耳罐、筒状杯和双肩耳圜底罐。彩陶以紫红色绘制图案，纹饰有三角纹、菱形纹、网纹、鸟纹等，纹饰多饰于器物的颈部和肩部，下部基本不绘彩。

沙井文化的房屋均为平地起建，呈圆形或椭圆形，门向东，筒状。

沙井文化的墓葬排列密集，一般大墓位于墓地中心，小墓分散于四周。墓的形制以偏洞墓为主，竖穴土坑墓次之，个别为单竖井或双竖井洞式墓。葬式多仰身直肢葬，头向东北。随葬品以铜牌、铜泡和铜刀等装饰品为主，陶器较少。

铜器器型丰富，有铜刀、铜泡、铜连珠形饰、铜管、铜坠和铜铃等，形制多与鄂尔多斯青铜器相似。从出土物的器型和墓葬中殉牲的牛、马、羊骨看，强烈地反映出这一时期的社会经济以畜牧业为主，农业、手工业不占主导地位。

沙井文化是甘肃含有彩陶的古文化中年代最晚的，也是我国最晚的彩陶文化。它最后随着西去的驼铃声消失在沙漠、戈壁之中。到此为止，甘肃彩陶文化画上了句号。

精品赏析

（1）倒三角纹圜底双耳彩陶罐

高 24 厘米，口径 13.7 厘米，腹径 31 厘米，古浪县出土，古浪县博物馆藏。夹细砂橙黄陶。高颈、双大耳、椭圆形腹、圜底。施红彩，颈、肩、腹和耳部绘三层细长倒三角纹和鸟纹，间以弦纹和菱形纹。为流动生活中的炊、饮器皿。此罐为沙井文化典型器物，反映了游牧民族的文化特色。

（2）三角纹单耳彩陶罐

高 12.5 厘米，口径 8.5 厘米，底径 7.5 厘米，1958 年民勤县沙井子出土，甘肃省博物馆藏。夹细砂土黄陶。施红彩。口沿绘平行线纹和三角折线纹，颈部绘平行竖线条纹，上腹部绘三角网纹和平行线纹，下腹部涂红彩。

倒三角纹圜底双耳彩陶罐

三角纹单耳彩陶罐

（3）三角纹圜底双耳彩陶罐

高 23.8 厘米，口径 8.7 厘米，1971 年武山县洛门出土，甘肃省博物馆藏。夹细砂土黄陶。施红彩。口沿绘菱形纹，颈部绘倒三角纹，肩部绘相向的三角纹，耳部绘菱形纹，腹部绘细长倒三角纹。

第三章　冠绝华夏——甘肃彩陶

三角纹圜底双耳彩陶罐

平行线条纹单耳彩陶罐

（4）平行线条纹单耳彩陶罐

高15.9厘米，口径9.2厘米，底径8厘米，1973年民勤县沙井子出土，甘肃省博物馆藏。夹细砂土黄陶。施红彩。口沿绘平行横、竖线条纹，腹部涂红彩。耳部与罐身相对应，上半部绘平行线条纹，下半部涂红彩。

（5）三角纹圜底双耳彩陶罐

高15.4厘米，口径8.2厘米，1978年榆中县和平村白崖沟出土，甘肃省博物馆藏。夹细砂米黄陶。施红彩。口沿绘平行线纹、菱形纹，颈部绘倒三角纹、菱形纹，肩部绘三角网纹，耳部绘三角网纹，腹部绘菱形纹和细长倒三角纹。

三角纹圜底双耳彩陶罐

159

第四章

精湛娴熟——新石器时代制陶工艺

制陶技术的发明与人类学会用火有密切的关系，被火烧过的泥土因为落入火堆而变得坚硬从而定型，这极有可能是促使原始先民有意识地用泥土制作他们所需器物的原因。因此，制陶完全可能是由不同地区的原始先民各自在生产、生活实践中发现、发明的，而不一定需要其他地方人群的传授与教导。我国黄河流域新石器时代早期的裴李岗文化、大地湾文化与磁山文化的陶器和长江下游新石器时代早期的河姆渡文化的陶器，器形、装饰与工艺都不一样，显然都是各自独立发生的。

原始先民最先采用的制陶技术可能有捏塑法与贴敷法等。过去比较流行的说法是原始人类用竹、木枝条编成筐篮后再涂抹上泥土用来汲水，由此受到启发，发明了在筐篮上敷贴泥土烧制陶器的方法。这种说法虽引人入胜，但愈来愈多的学者对此表示怀疑。他们认为，如果用这种方法烧制筐篮那样大小的陶器，结果只能得到一堆瓦砾。因此，人类制陶术的开端极有可能是烧制用手捏塑的小物件、小器皿，这样的小件制品，即使在最简陋的烧造条件下，也不乏烧成的机会。只有在多次烧制成功的鼓舞下，才会促使先民思考黏土原料的选择与加工、成型方法的改进、烧成条件的改善，甚至专为烧制陶坯的陶窑进行设计等等，从而烧制出比较大的陶器。

第一节 制陶原料的选择与加工

陶器是新石器时代先民们在生产、生活中不可缺少的重要人工制品。那时的能工巧匠制作的大量美观实用、技艺精湛的陶器，无论是用作蒸煮食物、收藏储存、汲水盛水、饮食炊用的器皿，还是捕鱼的网坠、狩猎的弹丸、捻线的纺轮、收割的刀、制陶的工具，以至后来的彩陶，无一不在显示当年高超的制陶水平，为人类留下了可贵的文化遗产。

在新石器考古发掘中，陶器易破碎却不易腐烂的性质，使得它们成为发掘时常见的遗物。甘、青地区彩陶异常发达，所以在这一地区的考古研究中，彩陶始终是研究的重点。在陶器中，蕴含着大量的原始信息，透过其形制、纹饰的变化，考古工作者可以敏锐地捕捉到各种文化的典型特征及演变规律，通过对制陶工艺的研究，可以了解并掌握技术改进的历程以及劳动分工等情况。通过对陶器与彩陶的综合研究，还可以提取到许多有关当时经济生活、生态环境和史前艺术的脉络等多方面的信息资料。所以，考古工作者、美术史学者以及当代的艺术家，对陶器，尤其是对彩陶倍加关注，始终将其视为重点研究对象，社会各界也有一批彩陶爱好者对此情有独钟。

我国从发现第一批史前彩陶至今已有80年的历史了，尤其是新中国成立后，中国的考古工作进入了黄金时期。甘肃彩陶的发现遍及陇原大地，为我们揭示制陶奥秘提供和积累了极为丰富的资料。近年来，自然科学及现代科技手段大量地介入并应用于考古研究之中，使得对于陶器成分、颜料成分的确认达到了前所未有的科学高度，极大地促进了陶器和彩陶的研究。

陶器制作工艺程序及选料

我国明代科学家宋应星在《天工开物·陶埏（shān）》中总结出水火既济而土合的陶器制作过程，他还说："一杯（陶杯）工力，过手七十二，方克成器。"由此可见制陶工艺程序之多。研究成果表明，彩陶制作工艺可划分为四个阶段，即原料选择、坯体成型、彩绘及烧制。

面对人类智慧的结晶——彩陶，人们有着丰富的遐想与思索：如此形态稚拙、造型奇特、种类繁多的精美作品，我们的祖先到底是怎样才把它制成的？用什么东西制作的？对此进行深入细致的研究和探讨，无疑是一个非常有益且必要的课题。

（一）选料

黏土是由地壳表层的岩石风化分解而成，属于含水铝硅酸盐矿物，黏土的主要成分是硅和铝的氧化物，此外还有铁和钾、钠、镁、钙、钛的氧化物。因为这8种元素占地壳总量的97.13%，其他元素只占2.87%，所以，这8种元素又称造岩元素。这8种元素也是烧制陶瓷经常涉及的元素，所以烧制陶瓷器在一定意义上也可以说是经人工高温将黏土还原成"岩石"的过程。

我国疆域辽阔，历史悠久，由于地质、地貌以及气候等种种原因，各地黏土的化学成分也不一样，但大致在新石器时代中期，原始先民们已学会了选择适宜的黏土烧制陶器。据分析测定，仰韶文化遗址出土陶片标本的化学成分与当地易见的可塑性很低的原生黄土不同，而与沉积土、红土等相近。由此可知，仰韶先民用以烧制陶器的黏土原料是经过选择的自然淘洗沉积土。

从新石器时代至汉代，绵延数千年，陶器的使用十分广泛，因而古代陶器极为丰富。制陶所用的原料因地域的不同、自然资源的制约而不尽相同、各有差异。归纳起来可分为四类，即普通易熔黏土、高镁质易熔黏土、高铝质耐火黏土、高硅质黏土或瓷土。

1. 甘肃彩陶选料

甘肃的制陶原料是就地取材的普通易熔黏土，这种黏土以低二氧化硅、低氧化铝、高助熔剂为特征。二氧化硅含量一般低于70%，低氧化铝含量平均值低于20%，助熔剂高于11%，它含钙量较低，主要成分为硅，可塑性好，并且因氧化铁含量较高，经过氧化烧成的陶器色泽亮丽，呈红色或橙红色。此外，经研究发现，自马家窑文化开始，便有使用瓷土的现象。

制作陶器的土质其可塑性与其颗粒度、所含矿物质成分及胶体物质也很有关联。甘肃东部地区的黏土中含砂量较少，可塑性极强，陶器的质地较为细腻；中部地区的黏土含砂量较多，彩陶质地略显粗糙。

也许有人会以为什么样的土都可以制陶，而且黄土高原有着取之不尽、用之不竭的黄土，其实不然。据实验证明，马兰黄土、全新世黄土因颗粒粗、含钙量高，甚至有钙质颗粒，可塑性差，不易成型。而且烧制时在高温下钙质结核容易分解，对胎壁造成损坏，导致陶器开裂破碎。中国国家博物馆研究员李文杰先生多年来致力于全国各地的制陶工艺研究，他用宁夏海原县菜园林子梁遗址所在地断崖的黄土及黄河岸边的黄土淤泥进行模拟实验，结果证明两者都无法成型。而甘肃制陶的这种易熔黏土却可以烧制成型，这种土被地质学家称之为"第四纪红土"，俗称为"红黏土"或"红胶土"。

2. 大地湾文化陶器的选料和传承

在自然界里,由于地壳的运动、地震、滑坡等自然现象,以及山水的冲刷等因素,黄土覆盖下的第四纪红土往往裸露在地表。早在8000多年前,先民们在生活实践中,根据自己的观察判断,逐渐摸索并已经寻找到了他们理想的制陶原料——红黏土。甘肃秦安大地湾遗址出土的大量陶器,经化学分析,其原料正是黏性好、可塑性强的第四纪红土。大地湾遗址阎家沟两侧的山坡,一边是黄土坡,另一边为红土坡,阴雨天在黄土坡行走并无大碍,到了红土坡,稍不留神就会滑倒,有时脚陷进泥里连鞋都拔不出来。由此可见,这种红土的胶质黏性的确不凡。大地湾所在的秦安县,许多村民世代相传,沿袭着他们先人的制陶遗风,至今仍在用这种红土制作陶器。除了制作缸、盆、罐、勺、花盆、砖瓦等生活用品外,还用祖传的手工制作方法仿制酷似原始彩陶的复制品,作为工艺品、旅游纪念品投放市场。

从秦安县许多村民的制陶过程中,我们不难窥探到古代制陶原料的选择、加工及基本制陶程序。村民们将红土或红土块晒干砸碎,因含有粗颗粒的黏土,所以可塑性差,不易成型,人们需要先做初步筛选,清除土中所含的粗颗粒、钙质颗粒及杂质,以免影响坯体成型。经过初选的红土再被研磨成细粉,加水搅拌成泥浆,之后,还要将泥浆进行澄滤以除去残存的废渣。大地湾阎家沟的陶工,修建有数个专用滤泥的水泥池。水池从上而下首尾相接,排列有序,每个池子都开有一孔,上端池孔对着下方的水池,以便将泥浆澄滤后进入另一池。泥浆每经一池便有废弃的残渣沉留池底,如此反复,最后将泥浆澄清滤去多余的水分,便成了光滑细腻的制坯泥料。

3. 甘肃其他地区彩陶选料

甘肃临夏有人用布过滤原料,先用较粗的布过滤,再用细布过滤,过滤几次之后,将泥浆置入泥池,澄清后滤去多余水分,再经自然蒸发,操作适时便成了制陶的泥料。

在甘肃的考古发掘中已发现有淘洗池，如兰州白道沟坪遗址马厂期的窑场中发现了一个底小口大的小圆坑，口径0.58米，深0.44米，腹径0.60米，底径0.20米，坑壁有红胶泥附着，坑周围的地面上还发现许多红胶泥块和夹砂红泥块，以及用红胶泥搓成或捏成的泥条等。大地湾一期的彩陶内外器表光滑细腻，都是经过淘洗的泥浆涂抹而成。仰韶文化，尤其是早中期，淘洗技术进一步提高，彩陶均为细泥陶，为彩陶的初步繁荣创造了有利条件。

（二）烧制温度及羼和料的使用

黏土在湿润含水状态下一般会有可塑性，在高温焙烧中又有固定成型的烧结性。当加热到一定温度时，黏土中的易熔物质开始熔化成液体填充到未溶颗粒之间的孔隙中，使陶坯体积收缩、密度提高。在气孔率达到最低值，密度也达到最大值时，称为烧结状态，这时陶器本身也变得致密坚实。

烧结温度因黏土化学组分不同而不同，一般在1000℃以上。商周时期盛行于我国江南地区的硬陶器，据测定，其烧成温度在1050℃~1100℃，烧结程度已相当高，而一般新石器时代的红陶、灰陶、白陶、黑陶，据已测定的近80种标本的数据统计，其烧成温度大体在800℃~1000℃之间。因烧成温度不够而没有烧结的陶器，其吸水率一般高于烧结陶器的10%左右。

为了改善黏土原料的工艺性能，先民还有意识地在黏土中加入砂子、稻壳、贝壳屑等，通常把这类加入物称为羼和料。这些羼和料在陶坯干燥收缩和烧成收缩中，起着降低陶坯的变形与破裂的作用，砂子（石英颗粒）也较一般黏土可耐高温，因此，砂质陶器又常用作炊具。

黏土原料若不经淘洗，即使勉强成型，在烧制过程中也会因杂质多而造成陶胎开裂。如果仔细观察甘肃马家窑文化的彩陶，我们可能会发现某些器物表皮有炸裂开的疤痕，疤痕中间有白色颗粒，这就是钙质结核。因结核与陶土遇热膨胀系数不同，结核便会炸裂。

为了增加陶器的耐热性，防止使用时陶器开裂，古代制陶时经常有意识地在陶土中加入一些诸如河沙、石英砂、云母等类的羼和料，生产出夹砂陶器，这类夹砂陶大多用来作为炊具使用。甘肃彩陶中夹砂陶较少，但仍有部分器物使用羼和料。据甘肃省博物馆原副馆长马清林观察研究，在仰韶文化中期就出现了用碎陶片作羼和料的陶器，辛店文化姬家川张家嘴类型中也有类似情况。有时还夹杂彩陶碎末，这种已经熟化的原料加入陶土中，对陶胎的化学组成并不产生什么影响。在马厂期及沙井文化的陶器中，发现有银白色和金黄色的细小碎片闪闪发光，经 X 射线衍射分析为蛭石，其初衷可能是为了美观。

经过淘洗的泥料，可通过在空气中腐熟来进行"发酵"，以提高可塑性，制陶工艺上称为"陈腐"。腐质物的增多使泥料的可塑性增强，因此，陈腐时间越长，可塑性就越强。陈腐是将泥料在不通风的温暖阴湿环境中闷放一段时间，并随时观察含水量的变化。陶泥不能太干，也不宜过湿，要把握陶胎可以成型的最佳时机。陈腐之后的泥料，还需足够的外力来反复加压揉搓，其目的就是要使泥料中所含物质更好地交融结合在一起。或用手挤压揉搓，或用脚蹬踩，经过反复揉和，泥料便有了很好的韧性，容易拉坯制胎。如同做手工面条一样，面揉得时间越长、次数越多，擀出的面条越柔韧、筋道。

第二节 陶器的制作方法

在当今高速发展的信息时代，人们更加注重文化生活的享受与对艺术的追求。这时，许多人对陶艺产生了浓厚的兴趣，于是城市里便涌现出了一批"陶吧"。在快节奏的工作之余，人们走进"陶吧"，在飞速旋转的轮盘上，用泥土随心所欲地塑造着自己追求的艺术作品，在休闲放松之中尽情体味创作的欢悦。飞驰的轮盘伴随着逐渐成型的陶器，在自觉与不自觉间将人们的思绪带往远古时代……

原始先民是否也使用轮盘来制作陶器？可那时没有电，他们将如何制作呢？让我们根据研究的成果来寻觅它的踪迹吧！

20世纪自70年代以来，我国境内的早期制陶遗迹屡有发现。通过对这些新石器时代早、中期陶器残片的观察，可以发现它们有泥片黏合的层理和陶片层理剥落的现象，这种现象最早被认定的是浙江省余姚河姆渡遗址的四层，也就是河姆渡文化一期的陶片。此外还有在石门皂市遗址下层、大地湾遗址一期、河南密县莪沟裴李岗文化的陶片，以及更早的江西万年仙人洞、桂林甑皮岩等洞穴遗址的陶片遗存。这些遗址的年代都早于仰韶、红山、大溪、大汶口、河姆渡二期良渚文化的年代，具有比泥条盘筑法更早、更原始的制陶术成型方法，文物考古工作者称之为"贴敷模制法"或

"泥片贴筑法"。筐篮编织成器的方法，很可能曾经启发了先民使用泥条盘筑法制成大型容器的陶坯，但这已是在较晚的新石器时代中期才出现和普及的了。

所谓泥条盘筑法，就是将拌制好的黏土搓成泥条，从器底起依次将泥条盘筑成器壁直至器口，再用泥浆胶合成器，最后抹平器壁盘筑时留下的沟缝；或一只手在陶器内持陶垫或卵石顶住器壁，另一只手在器外用陶拍拍打陶器，使器壁均匀结实，之后放入窑中烧制。如若陶拍刻印有花纹，则器表会留下一种装饰花纹（即所谓的"印纹"）。

轮制成型法，是在盘筑法的基础上产生的一种制陶技术，它借助于称为"陶车"的简单机械对陶坯进行修整。在我国古文献中，陶车亦称为陶钧，它是一个圆形的工作台，台面下的中心处有圆窝置于轴上，可围绕车轴作平面圆周运动。将陶坯置于工作台面的中心，推动台面旋转，便可用手或工具对器形进行整修。最原始的陶车可能在新石器时代中期已经出现，因为在相当于这一时代的遗址中有经过慢轮修整的陶器出土。虽然至今仍未发现新石器时代的陶车遗物，但我国各地新石器时代中、晚期各文化遗址中，已先后出现了轮制陶器，例如山东龙山文化出土的蛋壳黑陶，其胎体之薄与器形之规整，只有轮制法才有可能制作出来。根据山东省博物馆复原仿制验证，这种蛋壳黑陶极有可能是在轮制成型时还使用了带有支架的削刀，同时在烧制时使用了类似

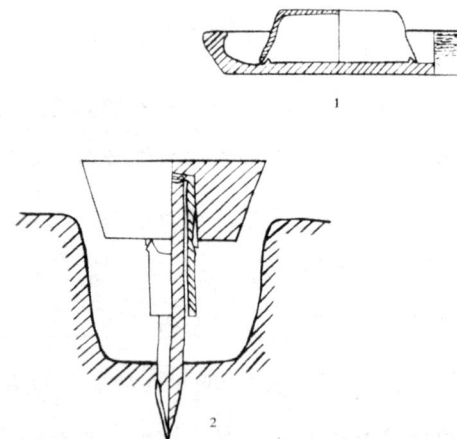

轮制制陶工具剖面线图

匣钵的装置。

轮制陶器是制陶术的一个飞跃，因为它所使用的简单机械陶车可以看成现代机器车床的发端，它的出现提高了生产力，可能已有某种作坊与社会分工的发生。这种技艺的熟练使用，显然要有长时间的锻炼。在工艺上也意味着制备原料坯泥技术的巨大进步。因为轮制陶器要求坯泥品质均匀、细腻，并且有相当的湿度，只有这样，才能在陶车的惯性旋转中利用坯泥的离心力，使器壁较薄、器形规整。

上述几种制陶术的发生、出现虽有先后，但无论哪种制陶方法，都会在制成的陶器上留下难以磨灭的痕迹。捏制的陶器上，会留有手指的印痕；泥条筑成法制成的陶器，器壁会产生一圈接一圈的泥条痕迹；以慢轮修整的陶器，则会在器底和器口遗留下轮旋产生的同心圆；快轮制成的陶器因坯体快速成型，器壁会产生螺旋式拉坯指印，在底部留下切割产生的偏心涡纹。因此，只要认真观察，总能探寻到制陶的蛛丝马迹。与此同时，考古发现中经常有陶轮、陶模、陶拍等制陶工具出土，这对于我们探讨古代制陶的方法和技术大有裨益。

第三节 彩陶的绘制

随着技术的进步与人类审美意识的逐步增强，新石器时代的人们逐渐开始对陶器进行刻意的装饰，于是，便有了彩陶这种艺术品。绘彩，是制作彩陶至关重要的一个环节。新石器时期的先民们在已制好的陶坯上，用彩色颜料绘出一幅幅稚拙、古朴的装饰图案，使极为普通的陶器在陶工灵巧的手中，变成了一件件珍贵的史前艺术精品。

颜料和工具

我国最早的彩陶源于大地湾文化，其色彩是偏暗的红彩；之后的仰韶文化、马家窑文化主要以黑彩为主，并有少量的白彩；半山与马厂时期还出现了大量的棕色复合彩。在有些遗址的发掘中，出土了一些矿物颜料。学术界采用先进的科技手段，经过多年的综合研究，对多种颜料的矿物成分和着色剂，已经有了较为全面的研究成果，揭示了彩陶斑斓绚丽的原理。

彩陶是先绘彩后烧制，因此，所选矿物颜色必须要耐高温，在高温下显色却不分解，仍能保持原有的颜色。早在数万年以前，人类就已发现并开始利用大自然的赏赐，山顶洞人在死者身上撒满红色的赤铁矿粉粒，用矿粉染红各类装饰品；大地湾二期的房址中，也发现了当时人们在居住地铺撒的一层红色赤铁矿粉。由此可见，人类对矿物颜料的认识及使用，经历了数万年的历程，红色也早已被视为吉祥美好的色彩。

矿物质颜色

红彩：将大地湾一期陶钵以及广河地巴坪半山类型陶壶上的红彩取样，经检验测定，其显色元素为铁，显色物相为氧化铁。出土的矿物颜料是赤铁矿的风化物赭石，主要成分是氧化铁。有的地方还使用含铁量很高的红土作为红色颜料。赤铁矿在自然界较为多见，容易获取，所以红彩成了人们早期彩绘的主要选择。他们用红色表达着自己的激情，又用红色象征着对幸福的期盼。

黑彩：是甘肃彩陶中最常见的色彩。根据对仰韶文化、马家窑文化、火烧沟文化、辛店文化的采样标本分析，结果表明显色元素是铁和锰，显色物相为四氧化三铁。其矿物以磁铁矿与黑锰矿为主。马清林曾在马家窑文化的黑彩中首次发现了锌铁尖晶石。这几种矿物均属尖晶石系矿物。其中，锌铁尖晶石、黑锰矿烧成以后颜色较黑，磁铁矿则偏蓝，这正是马家窑文化黑彩能漆黑发亮的原因。甘肃省博物馆和临夏州博物馆曾做过实验，如果用纯锰矿颜料绘制彩陶，在高温下锰元素会全部分解；若使用含锰赤铁矿，在稀释较淡的情况下，彩陶烧成后只会显现红色；较浓的情况下，则显现黑褐色。这一系列的实验表明，史前陶工已认识到含锰赤铁矿（赤铁矿与磁铁矿的混合矿物）颜料具有两种不同的呈色性能，并且熟练掌握了浓淡的变化规律，使其满足绘彩的需要。

棕色：在半山、马厂类型的部分彩陶中，出现了既不红也不黑的棕色纹饰。李文杰先生认为，棕彩与黑彩的化学成分相同，但锰的含量低于黑彩，铁的含量高于黑彩，可能是在颜料中掺和了红黏土。马清林对此有新的认识，他通过实验分析认为，此时已使用了黑、红两种复合颜料。通过配色后，色调发生了变化，彩陶的色彩层次因此也更为丰富。

白色：仰韶中期开始，出现了个别白彩，至马家窑类型时，白彩增多。大地湾三期出土的白彩，经 X 射线衍射分析，显色物为较纯的石英粉末。马家窑类型的白彩，其主要成分为石膏或方解石。

矿物质颜料如何使用

采集到矿物颜料后，要经过加工方能使用。首先，将颜料矿物砸碎，然后研成细粉末，越细的颜料附着力越好。再将研成的细末加水调和成颜料浆，或调成混合颜料。在甘肃出土的彩陶文物中，常见颜料及其加工工具。大地湾的先民们惯于使用石斧，用它将颜料矿物砸碎，因此，出土的石斧上常沾有颜料。出土的上百件研磨石、研磨盘，无疑是研磨颜料的成套工具。研磨石有圆形、圆锥形、椭圆柱形，均有光滑的研磨面；研磨盘形状多样，但都有一凹陷的磨坑。有的研磨盘非常精致，磨面青黑光亮，呈规整的圆形。在兰州白道沟坪遗址窑场出土的两件工具，一件为石质研磨盘，一件是高边分格的陶盘，盘内留有鲜艳的紫红颜色，应该是当时做调色盘使用

研磨石

的。颜料调好后，最后的工序就是绘彩。

绘彩时究竟使用何种工具，因无实物出土，难以定论。但根据对甘肃彩陶的观察，不难发现许多彩陶花纹在不经意间留有尖细的笔锋，推测是用类似毛笔的工具所绘，而且当时不仅有硬毛制作的硬"笔"，还有用软毛制作的软"笔"，否则，半山、马厂类型细密的网格纹、锯齿纹等都无法完成。从细长流畅的线条中可以看出，当时绘彩的"笔"很可能是用狼、鹿之类的毛制成的长锋硬笔，并具有较好的凝聚性。

如何绘彩

在中国的传统艺术中，彩陶是最早将图案与器物造型完美结合的原始艺术作品。绘制彩陶时，先民们非常注重图案与器形、视角的关系，并已注意到了图案在不同视角下所产生的视觉效果也是不同的，从而绘制设计出了无论从哪个角度，平视还是俯视，都可以看到的完美画面，并力求达到图案的构成与器形相协调。根据器形不同，确定设计不同的装饰部位及图案花纹。因史前社会没有桌案，故物品多置放在地面或小土台上，与现代摆放位置截然不同，而且史前先民席地而坐，自然视角也与现在有着明显的区别，因而，绘彩的重点多在器物腹部及以上部位。如仰韶文化的盆钵等，视线仅局限在口沿与腹部，所以只在视线所及部位绘彩。马家窑类型的盆，大口浅腹，因俯视内壁更为清楚，因此多以内壁绘彩为主，简练的外彩为辅。仰韶文化、马家窑文化的瓶形器物造型瘦长、腹部斜直、器体不大，整体一目了然，均可纳入视线，因而从口沿至下腹大部分施彩或通体施彩。半山类型的瓮、大圆鼓腹造型之类的器型多置放于地面，下腹基本看不到，所以在器皿中部以上绘彩。

工匠在绘彩时不可能是随意涂抹的，依据器物的造型，对口沿、颈部、腹部的花纹以及内壁进行的彩绘，应该有事先的设计与构思。将图案的位置确定之后，把器物的彩绘部位根据需要加以划分、定点，然后进行绘画。绘画时先绘主题图案，再补充勾画与主题协调且相辅相成的辅助纹饰。

具体绘彩过程，推测如下：

（1）等分或分隔

彩陶多数为圆形器物，其纹饰基本是由多组图案构成横向展开的彩绘带，少数彩绘为纵向。所以，首先要设法将彩绘部位加以合理等分或分隔，然后再分组绘画纹饰。由于器形各异，等分的方法也不同。竖长形器物多以横向平行线从上到下将彩绘部位分隔；横宽型器物则以纵向平行线将器物由左向右等分。所以，我们看到彩陶上的彩绘图案有二等分、三等分、四等分和多等分，那都是因主题图案纹饰而定的。有些图案较为简单也易划分，如鱼纹盆，把圆周横向分为二等分，绘两组相同纹样的鱼，就成了我们现在看到的图案；再比如花瓣纹彩陶盆，是先用垂直线将器物腹部横向二等分，之后再四等分、八等分，最后绘成八组花瓣纹图案。还有些器物的彩绘部位为单数分隔，如永靖三坪出土的被称为"彩陶王"的彩绘瓮，它用平行线将彩绘部位分为上中下三部分，之后再分部绘彩。等分线或分

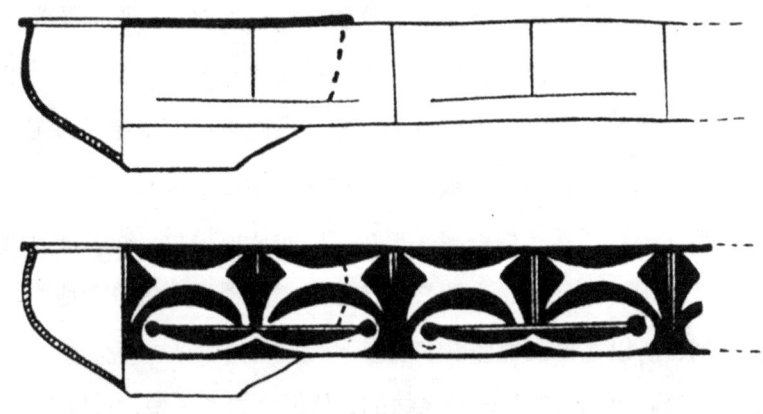

花瓣纹彩陶盆等分线图

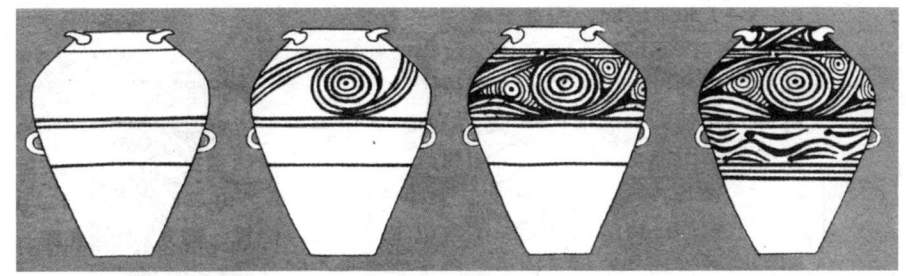

彩陶瓮分隔

隔线不仅可作为各部位不同图案的间隔线，又可成为边框，还能起到一定的装饰作用。半山、马厂类型的图案繁密复杂，等分或分隔极为精细，如广河地巴坪半山类型连续垂弧纹彩陶瓮，需将圆周等分为11份，可见当时此项工作的难度非同一般。因此，当时也许已经有了用来等分的工具，不然这11组弧线很难等分得如此精确。对于带耳、鋬的器物，这些附件都是最方便、现成的等分点。

（2）定位

仰韶文化晚期以后，彩陶出现了大量的旋动连续性图案，极富整体性，但又无法分隔，等分法显然已经不能适应彩陶发展的需要了。根据此类图案的特征，首先要整体规划布局，确定其定位点或定位圆，并划分彩绘部位。如陇西吕家坪采集的尖底瓶，需用三个涡纹的中心圆点作为定位点，然后再以圆点为中心，向四周引出弧线，构成连续的旋涡纹。半山、马厂类型的彩陶图案，多以圆圈为主，于是圆圈便取代了圆点，演变为圆圈定位。如半山类型的彩绘，要先绘出几个大圆圈、葫芦纹等，再绘其他周边补充辅助的锯齿纹等图案。马厂类型彩陶也是如此，先绘出四大圆圈的轮廓，其后填充圆圈内的各种图案，以及周边空白处的辅助纹饰。

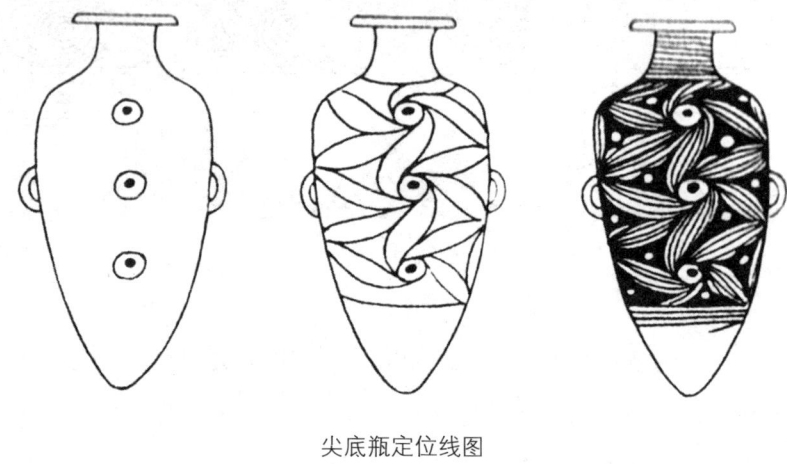

尖底瓶定位线图

（3）先主后次，由繁至简

彩陶图案一般可分为主题纹饰及非主题纹饰。主题纹饰绘在器物最醒目的位置，其他纹饰或作为陪衬、补空，或饰在口颈部、下腹部，起辅助装饰的作用。绘彩时，要把握重要位置，先绘显要位置的主题图案，后绘边角的附属纹饰，以便整体达到完美和谐的效果。永靖三坪出土的彩陶瓮，其纹饰分为上中下三格，由三部分图案构成。中腹部一格最大，主题图案位于中间重要位置，需先绘作为主题的旋涡纹，之后再于周边空白之处填画小同心圆，上下腹部的其他纹饰则最后完成。半山类型彩陶，图案繁密精致，绘画难度大，但经过仔细观察分析，虽然黑彩图案占据主要空间，但不难看出整体图案是以红彩为骨干的，红色线条还起着等分定位的作用。黑色锯齿纹或条带、条块间隔于红色线条之中，黑红相间彼此辉映，形成完美的画面。由此看来，半山类型彩绘的绘画程序应是先用红彩勾画出主干纹饰，再绘制黑彩图案。总而言之，先绘主题图案、骨干线条，就能控制整个画面，使布局更为合理美观。

第四章 精湛娴熟——新石器时代制陶工艺

（4）先勾轮廓，再填充

自仰韶文化晚期，便出现了较多的网格纹，其外轮廓有圆形、椭圆形、葫芦形、三角形、回形条带等等，而且轮廓内填充的网格越来越密集精细。对于这类器物的图案进行分析，应该是先绘外轮廓，然后再填充轮廓内的网格、菱形方块等纹饰。如鲵鱼纹彩陶瓶，应是先勾勒鲵鱼的身躯之后再画躯体内的网格纹及肢体。半山类型的葫芦纹彩陶壶，显然是先绘出葫芦的外轮廓，然后填充葫芦内的细网格纹，最后再用其他线条纹饰将周围空当补充完整。马厂类型的单耳杯，需先绘出回形的条带纹，再绘条带间细密的网格纹，约1平方厘米的条带间，由5条纵横交错的经纬线组成，当时画工精湛娴熟的技巧可见一斑。如若不然，线条则会粗细不一、疏密不匀，或线条弯曲造成重叠等等。由此可见绘画技能的熟练程度直接影响着彩陶的质量与美观。

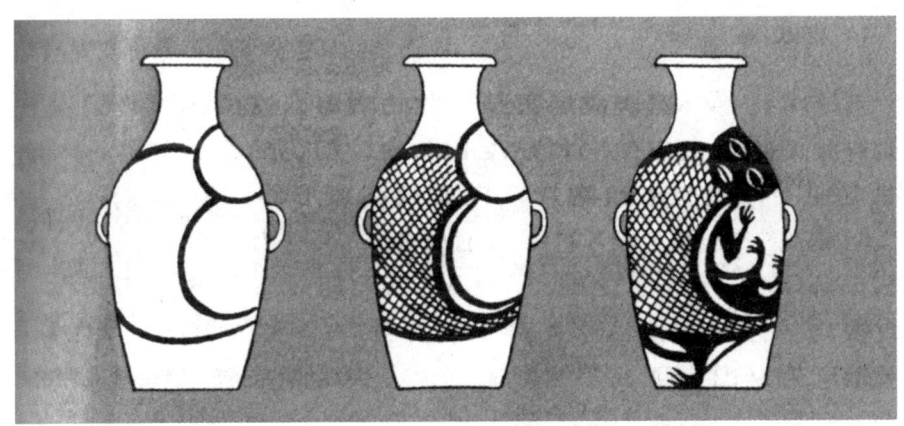

鲵鱼纹绘彩次序

无论何种器形、何种图案，也无论什么文化类型，任其千变万化，绘彩时总是遵循着从上到下、由点到面、先主体后其他、从整体布局到局部结构的原则与程序。这些规律开创了后世绘画艺术一般规则的先河。在甘肃彩陶的鼎盛时期，图案依然是繁而不乱、井然有序，其根本原因是有了上述绘彩的基本规则。

彩陶是在陶坯尚未完全干燥时进行绘彩的。坯体绘彩后要用卵石等工具反复打磨，这样可使器表质地致密，同时变得光洁细腻。绘上去的彩料也会经过滚压打磨的过程渗入器表，成为器表的有机组成部分，牢固地附着在坯体上，不致脱落，在器皿烧制成型后，器表可以光亮而且色泽美观。半山类型的彩陶器表打磨得最为精细，图案明丽、光彩夺目，达到了极致。兰州市牟家坪半山类型的彩陶壶，颈肩交界处留有利用圆棍纵向滚压而产生的凹痕。经李文杰先生实验，内彩可用硬而光的圆球进行滚压，外彩可用硬而光的圆棍滚压。滚压时要注意使用力的方向与器表保持垂直，这样彩料才不会移位，图案才能保持原状。

如何施以陶衣

绘彩之前先在陶坯上加施一层彩色陶衣，是仰韶中期以后各类型彩陶文化中常见的做法。施陶衣之后，器表如同披上了一层华丽的彩衣，再用其他颜色绘彩。如在红色陶衣上绘黑彩，色彩对比强烈且稳重，更加绚丽夺目。有的陶器加陶衣后即使不再绘彩，如大地湾四期陶鼎，通体饰紫红陶衣，仍显得华美耀眼。陶衣原料一般为仔细淘洗过的细陶土泥浆，有时也调入其他颜料。加施陶衣时，将泥浆涂刷在器表或将器物置放于泥浆中蘸泡而成。马厂类型，以及火烧沟、辛店、沙井文化均流行红陶衣；仰韶、马家窑文化有少量白色陶衣。经鉴定，红色陶衣的原料是含铁量高的红黏土，白陶衣多为白垩土。

彩绘陶的出现

彩绘陶是指陶器烧成后再绘彩纹的陶器,这类陶器的绘彩颜料中加有胶质物,更容易使彩料贴附到器表,但仍然容易脱落。大地湾一期发现了一片白色彩绘陶片,白色彩绘在罐形器内壁,颜料质地较粗,而且明显高于器表。经 X 射线衍射分析,该颜料为方解石,成分为碳酸钙及二氧化硅。在当地随处可见的"料姜石"中含有较高的方解石,估计当时人们是将"料姜石"烧熟后研磨成白色颜料。大地湾四期出土了较多的彩绘陶,一类是绘在灰泥质陶上的红色彩绘,因彩料脱落而图案不清;另一类是绘在泥质瓶、壶上的白色彩绘,脱落现象不如红彩严重。红色彩料经鉴定为朱砂,白色彩主要成分为方解石及少量的石膏。这时的白彩料成分与一期基本相同,但质地较细,在陶器上的黏附性能强于一期,工艺也明显有了进步,可能是采用了较好的胶质材料。

第四节 陶器的烧制

制作陶器，最关键的一道工序是入窑烧制。在陶窑中，木质燃料产生的高温使陶土发生化学反应，从而导致坯体的成分、性能和颜色发生改变。陶窑的结构在很大程度上决定了陶器的烧成温度，结构越合理则烧成温度越高，陶器就会更加坚实耐用。陶窑的密封情况既能影响窑内温度，还会形成氧化或还原的烧成气氛，进而影响陶器的颜色。因此，陶窑是衡量制陶工艺水平的主要标志。

根据有关资料，最原始的烧成工艺是平地式烧陶，或称平地堆烧。这种生产方式没有固定的窑址，选择一块空地将陶坯堆放在一起，用泥巴将陶坯整体盖紧并糊严，开一火口加柴添火，同时再开几个小口作为烟道。因火力不匀、温度不高、密封不严，陶器烧成后颜色不均匀，质地松脆。大地湾一期没有发现陶窑，陶器上常有红黑相间的斑块，色彩不纯正，陶片易碎，说明当时的烧制技术还是比较原始落后的。

田野考古中已发现的新石器时代窑炉遗址，按其结构可分两类：一类为竖穴窑，一类为横穴窑。这两类窑都是升焰窑，其不同之处在于，竖穴窑焙烧陶器的窑室直接坐于火塘之上；横穴窑一般有较长的火塘，火塘的一部分也可称之为火道，焙烧陶坯的窑室则置于火塘末端之上。估计在出现这两种陶窑之前，还应有一种更为原始的烧陶方法，类似我国云南傣族地区至今仍然使用的无固定窑址的平地堆烧法。已发现的新石器时代早、中期的陶片，经测定，有的烧成温度并不高，例如广西桂林甑皮岩出土陶片的烧成温度为680℃；四川巫山大溪文化已测定烧成温度的四件标本，最高的为830℃，最低的只有750℃；湖北宜都红花套下层（大溪文化）的红陶烧成温度为600℃~700℃，其中有一些可能就是用无固定窑址的平地堆烧法烧成的。

在大地湾仰韶文化中发现35座陶窑，是甘肃考古发掘中最多的一处。另外，在天水师赵村遗址也发现了6座保存较好的陶窑。在这些陶窑中，仅有2座浅穴平底式陶窑与上文所述平地烧陶的情况类似，其余均为较先进的横穴窑。例如，大地湾二期编号为Y2000的陶窑是浅穴平底式，整体呈椭圆形，深0.16米，靠左侧有一堵小土墙将窑室与火塘分隔，土墙两端各留有0.3米的缺口为通火道，窑的左侧下方是一个添柴加火的操作坑。此窑火塘与窑室在一个水平台面上，火势不如横穴窑旺盛，但深于地面之下，火力可借操作坑的风势，又比平地烧陶进步，火力会强一些，隔墙又

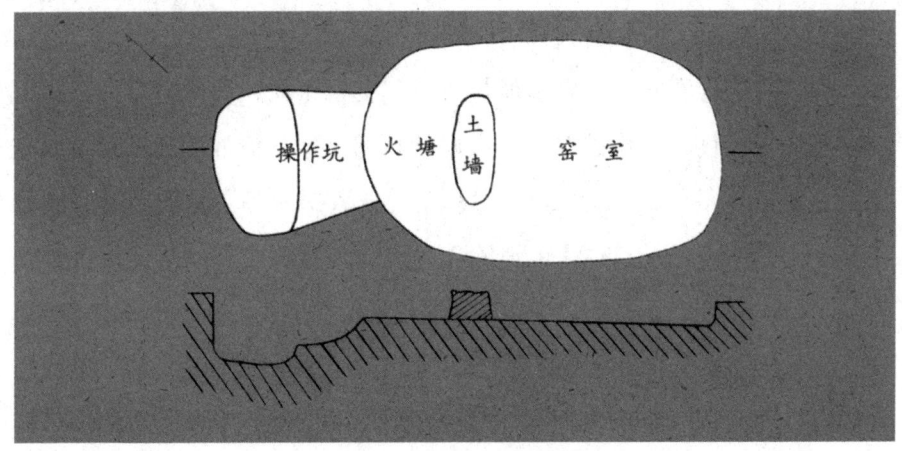

大地湾二期浅穴平底式陶窑

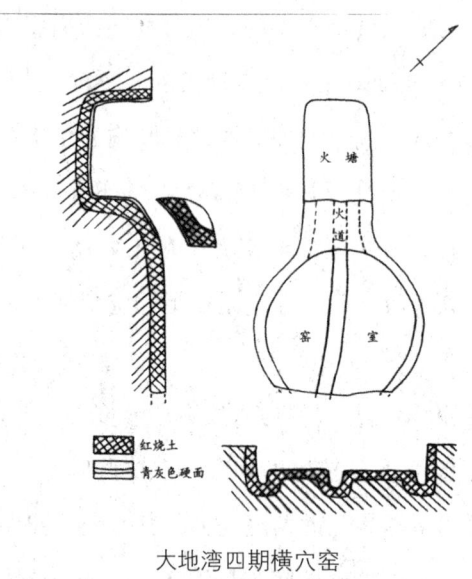

大地湾四期横穴窑

能使陶器受热较均匀。大地湾四期编号 Y800 的陶窑是一座典型的横穴窑,左侧长方形深坑为火塘,右侧为圆形窑室,中间有 3 条火道。有的窑室内火道呈树枝状,陶坯受热更加均匀。此类窑址的火塘在下方,窑室在斜上方,火力旺盛,能达到 1000℃左右的高温。

在兰州市东 11 公里处的黄河北岸,有一个著名的马家窑文化马厂类型遗址,这里曾发现了一处大型窑场。考古工作者清理了 12 座陶窑,发掘者根据被破坏的现场情况判断,窑场原有窑址不止这 12 座,足见当时制陶业的繁荣。据简报描述,上部窑室均为方形,最大的窑长宽各为 1 米;底部为锅底形,有沉积的白灰土层,应为烧柴形成的草木灰。从遗迹现象判断,这类窑上部是窑室,下部是火塘,可能是比横穴窑更为进步的竖穴窑。

陶窑的结构不同,窑内温度与密封程度也不同,因此,陶窑决定了陶器的烧成温度。结构越合理,火候就越高。据马清林测定,大地湾一期的烧成温度最低,仅为 750℃左右。这个数据和各文化陶器的坚实程度基本上是吻合的。总体来看,除大地湾一期外,多数的烧成温度都在 900℃~1000℃之间。另外,从马家窑文化半山类型开始,直到齐家、辛店文化都有使用瓷土或高岭土烧陶的现象,但始终没有烧出原始瓷,其原因在于陶窑限制了温度的升高。瓷土需加热到 1100℃以上才能达到玻化条件。

烧陶工艺中,还有控制烧成气氛的能力问题。烧成气氛是指窑内气体的组成和氧化,或还原的能力。若陶窑密封不严,空气中含有的氧将坯体所含物质氧化,陶器烧成后呈红色或橙黄色;若陶窑密封较好,气体中含有的一氧化碳具有将所含的铁质还原为氧化亚铁的能力,烧成后的陶器呈灰色或深灰色。随着陶室的改进,还原气氛下的灰陶越来越多,陶器的硬度也不断提高。

辨别真伪有窍门

史前彩陶是在特定的历史条件下产生的,因此,具有特定的与现代制陶工艺截然不同的一整套特征。识别这些特征,是鉴定彩陶真伪的关键。有的伪造者使用快轮制造,不可避免地在陶器上留有与泥条筑成法完全不同的痕迹;有的仿制品纹饰颜色光亮,彩绘颜料采用的显然是现代化工颜料,与史前彩陶所用天然矿物颜料效果有着根本的区别;有的使用电炉高温烧成,由于温度相当高,胎体的敲击声音就会较为清脆,与土窑柴火烧制的史前彩陶也有明显的区别。所以,只要熟练掌握不同制陶工艺在陶器上遗留的特征,在鉴别真假彩陶时就会得心应手了。

第五章

多姿多彩——主要彩陶纹饰及其演变

第一节　仰韶文化彩陶纹饰特点

最早的彩陶仅仅是把口沿的一周涂红，严格地讲，这不能称作图案。仰韶文化时期的陶器虽然不是最早的彩陶，但将纹饰图案化却是仰韶文化先民们伟大的艺术创造。仰韶彩陶经历了两千年的发展历程，由仰韶早期的古朴简洁到中期的柔美流畅，再发展到晚期的华美多姿，史前彩陶技艺日趋精湛。

彩陶纹饰的主要特点

（1）以黑彩为主。由于烧陶技术所限，仰韶陶器以红陶居多，施以醒目的黑彩，两者搭配产生的视觉效果更为强烈。所以多数纹饰以黑彩绘成，少量的陶器使用红彩，白彩极为少见。

（2）常见花纹为几何形纹饰。从早期到晚期，主体图案大多以圆点、直线、弧线、圆圈、三角纹构成，其中三角纹的使用贯穿始终，早期多直边，中期多弧边，晚期变化多样，每一时期都形成了自己独特的风格。

（3）动物形纹饰主要在早期使用，如系列鱼纹成为早期的标志性纹饰。鱼纹的发展呈现出具象到抽象、复杂到简单的艺术演进规律。蛙纹和鲵鱼纹并不多见，也未成为当时的代表性纹饰，只能称为偶见的特殊纹饰，但这类图案颇为精美。

（4）纹饰多饰在陶器腹部外壁一周。最初仅限于上腹部，逐渐扩大到中腹部，通体饰彩的较少。到了晚期，出现少量的内彩，器物口沿彩绘也逐渐增多。随着时代的发展，图案在陶器上的覆盖面越来越大，装饰功能越来越突出。

（5）绝大多数的图案为连续图案。因为陶器多为圆形，因而几组连续的图案呈现的艺术效果更好。但是单独纹样却极为少见。

（6）纹饰母题一脉相承，不断分化，由少变多，由简单发展为多样化，艺术表现力越来越强。早期仅有10余种，晚期则演化到几十种之多。

第二节　仰韶文化典型纹饰

仰韶文化彩陶取得了辉煌的成就，早期鱼纹的使用范围跨甘、陕、内蒙古三省区，中期回旋勾连纹的影响遍及长江以北，晚期纹饰的许多文化因素被马家窑文化吸收和继承，仰韶彩陶在一定程度上造就了甘肃彩陶的繁荣。

鱼　纹

仰韶文化阶段，彩陶艺术逐步走向繁荣，于是诞生了古朴而精美的各类图案。其中时代最早、使用最频繁的图案就是鱼纹。我们在中学历史教科书及有关中华文明史的专题片中，经常可以欣赏到西安半坡遗址出土的鱼纹彩陶盆，在红色陶盆的内壁或腹外，黑色线条勾勒出的形态各异的鱼儿栩栩如生。最让人称奇的是，神秘的人面纹与鱼纹巧妙地组合在一起，令人产生无限的遐想。有学者认为，这反映了仰韶先民对鱼的崇拜，鱼是他们的图腾；另有学者认为，鱼的繁殖较快，鱼纹寄托着先民们繁衍后代的希望；还有学者认为，图案中鱼的人面是史前巫师的形象。无论如何，仰韶文化的鱼纹不仅具有令人折服的艺术魅力，而且蕴含着深邃的研究价值。鱼纹彩陶盆既是仰韶文化的代表性陶器，又是中国灿烂的史前文化的

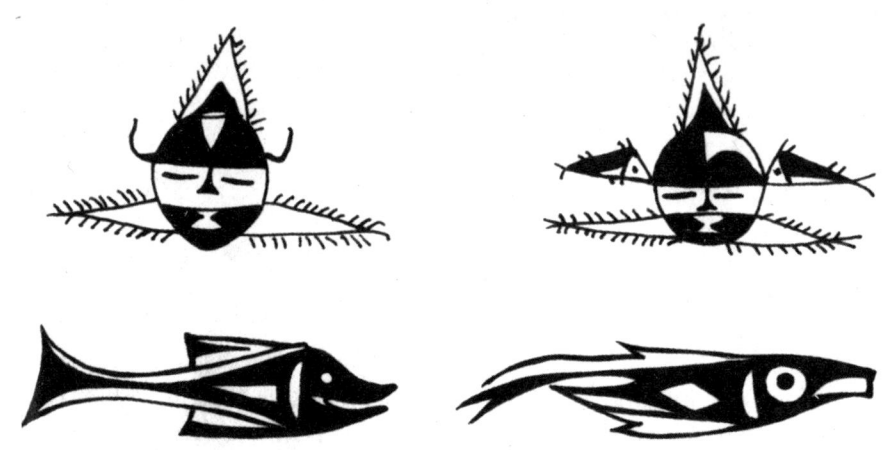

半坡类型人面鱼纹线图

象征和标志物之一。

大地湾鱼纹均为鱼的侧视图，唯独胸鳍的画法例外，胸鳍本在身体两侧，从侧面只能观察到一侧的胸鳍，大地湾先民却改为上下对称的一对胸鳍；无论鱼纹如何变化，胸鳍的画法始终不变。从胸鳍的画法来分析，表现的鱼类属于淡水鱼。显而易见，地处内陆地区的仰韶先民只能描绘他们熟悉的鱼类形象。

根据器形和纹饰的不同特点，我们将大地湾鱼纹划分为五个发展阶段。

第一阶段：具有浓厚写实风格的鱼纹，此时的陶盆形制均为圜底侈口，因口沿部系用泥片重叠加厚，可称之为叠唇盆。鱼纹形象生动，尤其是椭圆形的眼睛以及位于眼眶偏上部的眼珠，将鱼的形态表现得活灵活现。口、眼、身、鳍、尾俱全，鱼的形象一目了然。

第二阶段：器形仍为叠唇盆。鱼头部分开始变长且图案化，复杂多变的画法使得鱼头部分令人难以捉摸，大多以直边和弧边构成的近三角纹填充头部。鱼身则变得更为完美，大多数鱼纹的胸、腹、背、尾样样俱全。产生这种变化的原因以及鱼头各类线条所体现的具体含义，学术界尚未达成一致意见。但可以肯定的是，抽象化的画法自此运用到鱼纹之中。

第三阶段：鱼纹仍然仅在叠唇盆上使用，但盆的口径逐渐增大，腹部变浅。这一阶段最为显著的变化和特点是，鱼头部分变得极为简单而抽象，仅由上下相对的两条弧形纹组成，又扁又长。鱼的画法则由斜三角纹变为直三角纹，画法更为规整。

第四阶段：使用鱼纹的器形由叠唇盆改变为卷沿盆，这类盆仍然为圜底，但口沿外卷，因此称为卷沿盆。它们是当时日常生活中大量使用的陶器之一，经常出土于房址和地穴中。这时的鱼纹整体简化为一种十分稳定的图案。胸、腹、尾三者合一，与拉长的背鳍上下相对，尾鳍前部出现隔断线。鱼的上、下两部分完全对称，线条变得流畅柔美。

第五阶段：仍使用在卷沿盆上，此时的盆口部由侈口改为直口，卷沿愈甚。该阶段已跨入仰韶文化中期。大地湾虽未发现这一阶段的完整器物，但根据大地湾出土的残器可以推测出复原后的器形和纹饰应该是属于同一时期甘肃合水、陕西岐山王家嘴遗址出土的同类型器皿，这证明我们的推测与复原是符合器形、纹饰发展规律的。此时的鱼纹更为简化，头部以一圆点表示，鱼身为四条弧线，上、下鱼鳍皆省略不画，仅保留较为夸张、舒展的尾鳍。

上述大地湾鱼纹盆的五个发展阶段展示了鱼纹的演变序列，从中我们得以掌握其演变规律。首先，要重视的是器形的变化，鱼纹最初是描绘在叠唇盆上的，然后将其弃之不用，又转为卷沿盆，时代越晚的卷沿盆，口沿越卷，器体愈大，腹部越浅。当我们遇到鱼纹盆口沿残片时，尽管图案残缺不全，但根据以上规律，依据口沿特征，大体可知鱼纹盆的年代。鱼纹的发展变化的总体趋势是不断地简化，自然形态的鱼纹经概括和取舍逐渐凝练为固定化的图案，写意的表现手法逐渐取代了写实的风格。最早的鱼纹颇富个性，每件作品都有其独特的表现和创意，展现出了自然状态下

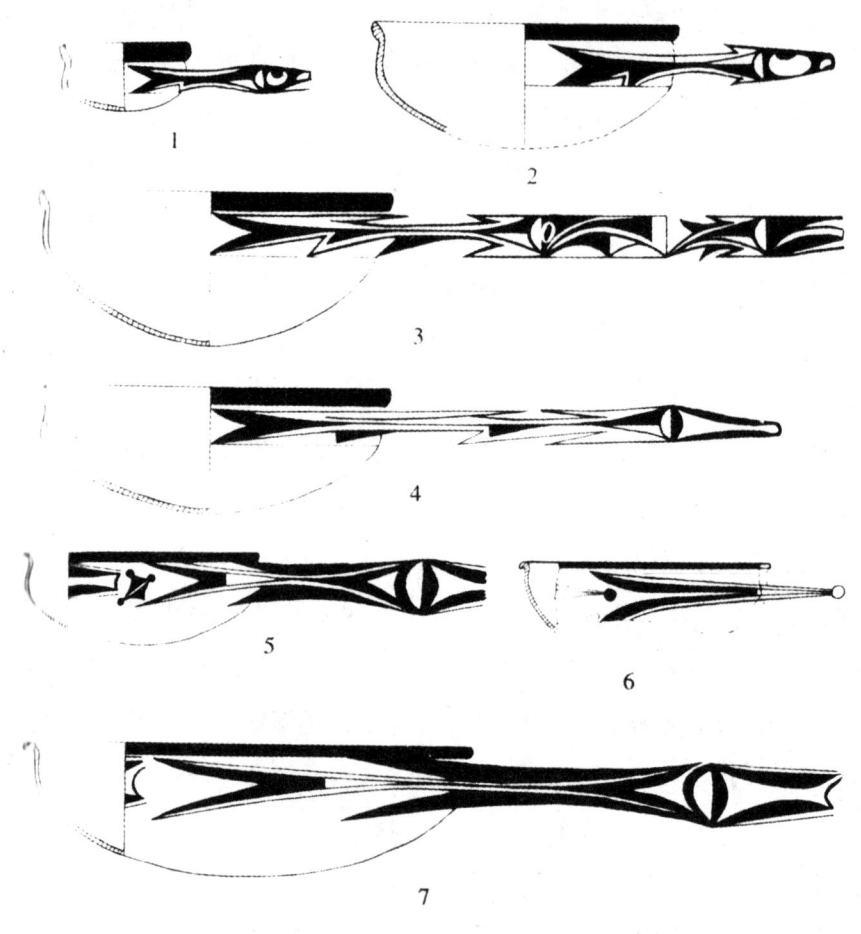

大地湾鱼纹各阶段演变系列线图

鱼的万种风情。其后,从头部开始,继而鱼身、鱼鳍都不断地简化,最终成为几乎一成不变的固定图案。搞清纹饰的演变规律,对于目前乃至今后的考古研究工作大有裨益。在考古发掘中,考古工作者在面对大量残碎的彩陶片时,仅凭借鱼纹残片的局部纹样,便可判断出比较准确的时代,其奥妙就在于掌握了纹饰的特征和变化规律。

近年来,随着考古调查与发掘的深入开展,许多新的发现不断涌现,关于仰韶鱼纹盆的报道也是层出不穷。我们惊喜地发现，在一个相当大的地理范围内，鱼纹有惊人的一致性，甘肃境内最西端的发现是陇西二十里铺出土的属于第四阶段的变体鱼纹，最南端的发现是白龙江流域的武都大李家坪遗址出土的属于第四阶段的鱼纹，西汉水流域西和宁家庄遗址出土的第二阶段鱼纹，礼县石嘴村出土的第一阶段的鱼纹。渭河一带是中心区域，出土鱼纹的遗址更为集中，不再一一列举。这个地理范围最东可达关中平原武功、岐山一带，甚至在陕南南郑龙岗寺、内蒙古南部凉城王墓山下遗址都出土了颇为相似的鱼纹盆。上述范围大约有30万平方千米，涉及今天的3个省区。这种令人惊奇的一致现象至少告诉我们：第一，渭河流域的仰韶文化应该属于同一支文化，陇南和陕南属于这个文化圈的边缘地区；第二，在这个地理范围内，文化的交流、传播非常活跃，人们的居住地虽被千山万水所阻隔，但绝非想象中的闭塞；第三，鱼纹不是一般的彩陶纹饰，而是作为同一文化的标志性符号出现。出现这种标志性符号的原因，以及所代表的内在的含义还应深入探讨。

三角纹

所有含彩陶的考古学文化中，其纹饰主体均为几何形图案，动植物形图案永远是少数，所以寻找几何形纹饰的演变规律，探索史前艺术的发展历程，是彩陶研究的重要内容。目前研究彩陶的文章、书籍不断问世，许多新颖的观点和见解给公众以启迪。但是，也出现了一些值得注意的方向。研究纹饰演变不能脱离考古学文化，不是一个文化系统的纹饰怎能放在一起谈演变？图案的早晚，首先要看纹饰的载体，即陶器本身的早晚；另外，纹饰的变化是十分复杂的艺术现象，我们只能依据大量的、常见的实物证据作出恰当的推论，要尽量避免引证偶然的、个别的实例，从而防止以偏概全的错误倾向。

在仰韶文化延续的2000余年间，无论早、中、晚期，无论常见图案如何变化，自始至终都离不开一种主要的构图母题，那就是三角纹。

1. 直边三角纹

三角纹的使用始于仰韶文化早期，这可能是史前先民受自然界类似三角形的山、花叶等事物的形状的启示。它又是几何形纹饰中相对简单的一种纹饰，因此出现较早，这与由简单发展为复杂的艺术规律也是吻合的。最先使用的三角纹样式是直边三角纹，多见于盆形器腹部的二方连续图案，最初是两个为一组的单独图案，如等腰三角形上下对顶或直角三角形斜对；后来由两个三角形增加到四个为一组，等腰三角纹变得较少，而体长的直角三角纹逐渐增多。有时三角纹成为陶器的唯一母题花纹，如王家阴洼的圜底钵，但大多数情况下，三角纹是与圆点、斜线共同构成组合图案出现在各类陶器上的。这一时期的器形均为圜底器，也就是说直边三角纹只画在圜底盆和钵上。

2. 弧边三角纹

随着人类思维的发展，在仰韶文化早期的偏晚阶段，出现了弧边三角纹。弧边一般向内凹，它比直边给人的视觉感更为优美。先是单弧边，继而是双弧边。与弧边三角纹对应的陶器，既有圜底，又新出现了平底器。在个别的彩陶精品图案中，如大地湾的人头形器口彩陶瓶上，还出现了三边皆弧的三角纹。弧边三角纹的出现突破了原来固定在长方形边框内绘彩的格局，创造了更多的图案组合方式，尤其是两个弧边三角纹对接形成圆形空白，这是仰韶彩陶纹饰的重大变革。三角形成圆形的神奇变化，为仰韶中期彩陶的繁盛创造了先期条件和挥洒才艺的巨大空间。

在仰韶文化中期的彩陶纹饰中，三角纹出现的频率大大高于早期。此时直边三角纹已完全被弧边三角纹取代，饰彩陶盆均为平底。在典型母题花纹回旋勾连纹中，多变的弧形三角纹成为最关键的构图元素，一角被拉

第五章 多姿多彩——主要彩陶纹饰及其演变

长为流畅的弧形线条,另一角却延伸为长长的弧形弯钩,倾斜的摆放位置产生了回旋的美感。在其他纹饰中弧边三角的身影随处可见,边线有时内凹,有时外鼓,随需要而变换,或饰于腹部,或饰于口沿。仰韶中期彩陶整体风格之所以变得绚丽多姿,很大程度上应归于弧形三角纹的普遍使用和无穷变化。

到了仰韶晚期,弧边三角纹完全成为所有纹饰中首要的标志性纹饰。它们几乎出现在所有饰彩器皿上,也是最为常见的母题花纹。在各类组合图案中,大多数都离不开形态各异的变体三角纹,其中以三弧边三角纹为主。无论其使用数量,还是装饰质量,此时均达到了三角纹发展的顶峰。在后来的马家窑文化早期,弧边三角纹仍显示出了强大的生命力,继续闪耀着夺目的光辉。

蛙 纹

在仰韶文化的彩陶纹饰中,蛙纹并不是常见的,它偶尔出现在早、中、晚各期,因而是一种特殊的少见的纹饰。这些蛙纹的身体结构大体相同,但表现与装饰手法各不相同,其风格均带有所处时代的烙印,但它们之间应该存在着一定的联系。

大地湾仰韶晚期第820号房址中出土的一件残小口壶,为红陶,小口,颈部加饰一条凸施纹,圆肩圆腹,下腹部残失。肩腹部饰一似蛙似龟的动物形图案,头部整体涂黑,呈椭圆形,以两个

蛙纹演变系列

小圆形空白表示眼睛，顶部留一小三角形空白，圆形躯体上饰网格纹，残留两足。腹部另一侧饰类似蛙腿的圆点弧形纹。该房址属偏早阶段，此蛙纹图案化风格较浓厚，与早中期相比，既有联系，又有区别。

在天水师赵村五期出土了一件蛙纹钵，蛙纹绘于陶钵内壁。与大地湾相同的是，两者均以网格纹表示躯体，头部涂黑，呈椭圆形；不同的是，以空白中的圆点表示双目，躯体分隔为两半。与仰韶中期相比，共同之处是躯体的画法，四足中两足向前，两足向后，似游动的形象明显；差异之处是晚期蛙纹躯体饰网格纹，中期的写实手法变为晚期的图案化、规范化。

马家窑文化中也出土有完整的蛙纹，与仰韶文化晚期非常相似，只不过网格纹更为细密，头部不再涂黑，双目以单独的圆内黑点表示。由此说明，马家窑文化的许多彩陶因素是汲取、继承了仰韶彩陶的精华发展起来的。

从鱼纹、蛙纹到鲵鱼纹，史前先民描绘的动物大多集中在水生或两栖动物方面，究其原因，它们是人类日常接触、观察最多的温顺动物，也从侧面反映出了当时良好的生态环境。

第三节　马家窑文化常见纹饰

奔流不息看旋纹

旋纹是马家窑文化类型时既已出现的纹饰，而且很快便发展成为这一时期的代表性纹饰。旋纹一般是以四个旋心为中心，个别的有六个或更多，均以逆时针方向旋转，到了半山时期，旋纹依然是主要纹饰之一，并且发

旋纹彩陶罐

展得更为成熟。旋心由多道黑色锯齿带和红带相间线条或宽带连接，组成二方连续的图案，更增加了旋动视觉效果。俯视这些旋纹，给人一种身临河边的感觉。这种以流畅的线条绘出的动感强烈的旋纹，像黄河浪涛的千姿百态，凝聚在奔流不息的旋动中。

马家窑早期的旋纹，旋心很小，多四方连续，无附加纹饰，结构简单，旋心内饰圆点。

半山早期的旋心较小，旋心之间有两三条旋线连接。半山中期旋心扩大，旋心中饰有十字纹、三角纹、圆点纹等花纹。半山晚期的旋纹，层次变得复杂，以四个旋心为中心，旋线简单，旋心变得更大，内饰各种精细、复杂的花纹，有斜十字纹、网纹、圆点纹、叶形纹、斜方格纹、米字纹等。到晚期以四大圈为旋心的旋纹，逐渐发展为马厂类型的四大圆圈纹，连接四大圆圈之间的旋纹消失。半山与马厂主体旋纹的区别仅在于有无旋线连接四大旋心。从这一点也可看出它们之间的继承关系。

旋纹一般装饰在大型器物壶、罐的主要部位，即肩到腹部，有的盆、钵内彩也装饰此纹。旋纹有简有繁，有的仅画一组二方连续的单线条旋纹。

细密规整锯齿纹

最早出现在马家窑文化类型的中晚期，流行于半山时期，结束于马厂早期。马家窑类型的锯齿纹以大三角形为主，饰单一的黑彩，多装饰于壶的颈部。半山类型的锯齿纹，为黑、红复彩，以红色线条勾勒花纹主框架，两侧再配以黑色线条，红黑线条之间有一定的间隙，在黑色线条上面向红色的一侧绘锯齿纹。半山早期的锯齿纹规整，锯齿开始变小，齿间的夹角较大；半山中期，齿间夹角变小，锯齿窄长，齿尖锋利，锯齿斜向一侧；到半山晚期，锯齿变得细小密集，齿尖变得较钝。到马厂时期，锯齿纹已很少使用，锯齿排列稀疏、粗大，普遍绘制粗糙，只有个别的较规整，多

| 第五章　多姿多彩——主要彩陶纹饰及其演变 |

锯齿纹彩陶壶

为黑色单彩。

双彩葫芦网格纹

半山类型的典型纹饰之一，是葫芦纹与网纹相结合的一种复合纹饰，大量见于花寨子遗址。一般由四组或六组束腰葫芦形组成，相互对称，葫芦口一般向上，个别的向下。葫芦网纹大多数用黑、红两彩绘制，先用红色绘葫芦轮廓，再外绘黑色锯齿带纹，内填细密整齐的网纹，葫芦之间用锯齿纹或

葫芦网格纹陶罐

其他几何纹分隔。

早期的葫芦形束腰不明显,中间两侧微微内收,到中期葫芦形的下半部逐渐变大,晚期的葫芦形束腰明显,下部的圆形变得更大。

网纹也是马家窑文化彩陶上常见的纹饰,在马家窑类型彩陶中时常作为主体纹饰出现,到半山类型时多与其他纹饰组成复合纹饰。马厂时期网纹使用率也较高,但构图比较松散。

交错排列菱格纹

菱格纹彩陶瓮

半山类型彩陶的主要纹饰,由连续排列的菱形格组成,一般绘于壶、罐的上腹部。半山时期的菱格纹有单层横向排列、多层排列和上下交错排列三种形式。绘制技法为:先绘连续的菱形红色框架内边,再绘带锯齿纹的黑色菱形框架,一般内填圆点纹、网纹、十字纹等。早期的菱格纹较大,多为主体纹饰;晚期的变小,往往在菱格内填充网纹或涂黑,而且逐渐变为辅助纹饰。马厂时期菱格纹出现得较多,风格为半山时期的延续,红、黑复彩的较少,多为黑色单彩,横向多层排列,内填网线纹,有的则全部涂黑。

第五章　多姿多彩——主要彩陶纹饰及其演变

菱格纹彩陶罐

繁复绚丽垂弧纹

垂弧纹是半山时期出现的纹样，使用率较高，由多层向下弯垂的连续弧形带纹组成。早期为单线垂弧，是由马家窑类型的水波纹发展而来的，属于辅助类纹饰，一般装饰在壶、罐类器物的腹部，主体图案的下沿一周。半山中期，垂弧纹绘制最为精细，多以红、黑两彩构成多层垂弧，每层一般由两三条黑色垂弧带加一条红色垂弧带组成，并在黑色垂弧带纹的上缘绘黑色向上的锯齿纹，构成繁复绚丽的花纹带。半山中晚期出现垂弧锯齿纹，垂弧跨度较大，一件器物上一般只绘两组连续的垂弧纹，先用两三条红色带绘垂弧，再于空白处填月牙形黑色垂弧带，并在黑色带的上、下缘

| 彩陶甘肃——美冠世界的彩陶之乡 |

垂弧纹双耳罐

加锯齿纹。这种构图多装饰在单耳壶或高低耳壶上。马厂时期的垂弧纹是半山类型的延续,但不如半山的精细,构图比较简单、粗犷。

物物交换贝形纹

贝形纹是半山时期出现的纹样,马厂时期使用较多,而且有许多创新。半山时期的贝纹,一般用单一的黑色绘制单个的贝形纹,比较写实,中间用线条将贝分为两半,并用锯齿纹表现贝腹部的花纹。马厂时期的贝形纹有的用黑、红复彩绘制,有的用黑色单彩。马厂早期的贝形纹与半山晚期接近,多为单个的贝形纹横向排列,但表现手法出现变化,用红色粗线绘贝的外形,

贝形纹彩陶罐

内填由大到小的橄榄形黑线纹；中晚期多用单一的黑色绘制，表现手法变得简单，一般用线条勾勒轮廓，中间用竖线将贝分开，出现成串的贝形纹，多为顺向串连，排列方式有横排、竖排和斜排几种。

图腾崇拜神人纹

神人纹最早出现在马家窑文化的彩陶上，延续时间很长。始见于马家窑类型中晚期，是半山和马厂类型彩陶上最具特征的纹饰。也有学者把神人纹称为蛙纹。

早期的神人纹描绘比较具体，有表现人形整体的，也有只表现面部的。面部描写较细，接近人的形象。这时的神人纹多装饰在盆、钵内，如甘肃出土的人面纹彩陶盆和青海出土的舞蹈彩陶盆等。

半山时期神人纹较为抽象，将头画成圆形，躯体和四肢用红黑相间的带纹、折带纹表示，大多装饰于壶、罐的上腹部和盆、钵内壁。这时的神人纹虽然比较抽象，但身体的比例协调。头部以圆圈代表，面部没有具体的五官，身体以宽带纹代表，四肢多以两节折带纹代表，向上斜伸。到半山晚期，神人纹出现变异，头部变大，依旧没有五官，内填各种纹饰，上

人面纹彩陶盆

神人纹彩陶罐

下肢都向上折曲，四肢的肢端有数目不等的指爪。在壶罐上的装饰图案，除了独立的神人纹外，还出现了二方连续的神人纹，绘在壶或罐的上腹一周，俯视图像一群人手拉手正在聚会、歌舞。

发展到马厂时期，神人纹演变得更为抽象，有的仅以局部的变体纹样表现。完整的神人纹已少见，大多以各种变体形式出现，代表头部的圆圈变得更大，有的则将代表头部的圆圈省略，以罐口或壶口代替。器物的上腹部只绘肢体，下肢由两节变为三节。到晚期头部被完全省略，四肢有的从顺向曲折演变为反向呈直角曲折；有的不仅头部省略，连代表身体的宽带纹也被省略，演变为肢爪纹；有的演变为三角折带纹。渐渐地，神人纹衰退演变为几何纹样。

典型纹饰四大圆圈纹

四大圆圈纹是马厂类型最具代表性的典型纹饰，由半山类型的旋纹演变而来，由四大圆圈组成。四大圆圈纹主要装饰于大型壶、罐的上腹部，先用红色带绘四大圆圈，内外绘黑色带圈，圆圈内填以各种各样的几何纹，常见的有网格网、线纹、菱格纹、斜方格纹、三角纹、折线纹、十字纹、圆点、圆圈纹、回形纹和肢爪纹等。这种装饰手法为以后瓷器上的图案的产生和发展开创了先河。

早期的四大圆圈排列紧密，圆圈用黑、红复彩绘制，非常规整，内圈

第五章 多姿多彩——主要彩陶纹饰及其演变

四大圆圈纹彩陶罐

为红色带圈,外加一至三圈黑色带圈,圆圈之间上下方空白处用黑色三角弧线填充。晚期四大圆圈用黑色绘制,圆圈画得不规整,构图简单,呈现出一种衰退现象。

后 记

　　历史很远，远到我们触摸不到它的样子；历史又很近，近到拨开瓦砾去寻找，古代文明就铺展在我们眼前，仿佛昨日。我从小就生活在甘肃省博物馆大院，那时候就喜欢看各种展览，尤其喜欢看自然和动植物标本、人类从猿到人演变的展览，长大一些，就对各类人文历史文物展感兴趣，多年来的耳濡目染，让我对文物有一种难以言表的发自内心的感情。后来进入博物馆工作，就从事藏品库房管理工作，对文物都很熟知。在众多文物中最吸引我的还是彩陶，由此开始注重对彩陶的调查研究。我们可以根据彩陶上所描绘的图案和纹饰，还原当时人们的生活场景和自然环境，了解到另一个时空的世界。从彩陶的图案和纹饰的演变，可以看出当时的自然生态环境和人们的生产、生活方式，比如在甘肃出土的彩陶纹饰中，出现了很多鱼纹图形（甚至还有国家保护动物娃娃鱼的形象）、漩涡和水波等图案的彩陶罐，从这些图案不难看出当时甘肃的水资源极为丰富，并不像现在这么干旱，且当时人们的生产生活类型是采集渔猎型。不管是直接还是间接，这些图案都从不同侧面反映了古人们的所见所闻及生产生活方式，看着这些极具智慧的图案，仿佛就像古人智慧的一瞥被永远记录了下来，让人产生无限遐想。

甘肃新石器时代文化以丰富的彩陶为特征，甘肃彩陶有三大特点：一是时间早，二是延续时间最长，三是数量最大、分布范围广。从距今8000年的大地湾文化出现我国规模最大的早期彩陶，经仰韶、马家窑、齐家、四坝、辛店、沙井等文化，延续了5000多年，构成了一部完整的彩陶发展史。特别是马家窑文化的彩陶，达到了彩陶艺术的巅峰，代表着中国彩陶艺术灿烂辉煌的成就。它是古代彩陶艺术宝库中璀璨夺目的瑰宝，也是中华传统艺术序章中最主要的组成部分。

此次承担省社科联甘肃特色普及丛书之《彩陶甘肃》的编撰工作，对我而言是一次很好的机遇，借此机会对甘肃地区新石器时代目前已知的彩陶遗存资料又进行了一次系统梳理和展示。在此，对在本书撰写过程中提供过无私帮助的团队成员、前辈老师以及甘肃人民出版社编辑团队等表示诚挚的感谢！由于本人学识水平有限，资料收集难全，其中不免挂一漏万，敬请学界前辈、同仁以及广大读者热情指正。

一座博物馆就是一部当地文化的发展史，人们通过文物与历史对话，穿过时空的阻隔，俯瞰历史的风风雨雨。想要学习知识、增加阅历、鉴赏文物等，最好的去处就是博物馆，我由衷地希望越来越多的观众来甘肃省博物馆参观，越是了解，就越能增加我们的文化自信！

贾建威

2021年4月22日